Südtirols schönste Wanderungen

500–1000 Höhenmeter

Wanderungen von 500 bis 1000 Höhenmeter

Hanspaul Menara

Südtirols schönste Wanderungen

500–1000 Höhenmeter

Vom Vinschgau bis ins Pustertal

45 Touren mit Routenkarte

Wanderungen für Gehfreudige – vom Aufstieg mittlerer Länge bis zur zünftigen Gipfeltour

VERLAGSANSTALT ATHESIA | BOZEN

UMSCHLAGBILD

Die Oberetteshütte im Matscher Tal, einem Seitenast des Vinschgaus

BILD SEITE 2

Seiser Alm und Schlern – das Südtiroler Wanderparadies schlechthin

BILD SEITE 6

Am Weg zur Marteller Hütte – Blick zu den Zufallspitzen (Cevedalemassiv)

Jeder Wandervorschlag ist mit einer Nummer gekennzeichnet.
Die Nummern auf der Übersichtskarte entsprechen den fortlaufenden Nummern der einzelnen Wanderungen.

BENUTZERHINWEIS

Alle Angaben in diesem Wanderführer wurden vom Autor sorgfältig recherchiert. Sollten Sie bei Ihren Wanderungen dennoch Unstimmigkeiten bemerken, nimmt der Verlag Ihre Hinweise gerne entgegen (buchverlag@athesia.it).
Die Benutzung dieses Wanderführers erfolgt auf eigenes Risiko. Eine Haftung für etwaige Unfälle und Schäden wird weder vom Autor noch vom Verlag übernommen.

BIBLIOGRAFISCHE INFORMATION DER DEUTSCHEN NATIONALBIBLIOTHEK

Die Deutsche Nationalbibliothek verzeichnet diese Publikation in der Deutschen Nationalbibliografie; detaillierte bibliografische Daten sind im Internet abrufbar: http://dnb.d-nb.de

2012

Alle Fotos: Hanspaul Menara

Wegkarten: © by Kompass-Karten GmbH
Karl-Kapferer-Straße 5, A-6020 Innsbruck
Lizenznummer: 06-0412-LVB

Übersichtskarte: Heinz Matthias, Neumarkt

Design & Layout: Athesia Verlag

Druck: Athesia Druck, Bozen

ISBN 978-88-8266-821-1

www.athesiabuch.it
buchverlag@athesia.it

Vorwort des Verfassers

Die Angabe der Höhenmeter lässt bei Anstiegen mittlerer Steilheit auf die Gehzeit schließen. Denn für 300 bis 400 Höhenmeter rechnet man üblicherweise rund 1 Gehstunde. Führt allerdings ein Weg nur sehr leicht ansteigend dahin, benötigt man länger, während bei sehr steilen Wegen ein tüchtiger Geher auch 500 Höhenmeter pro Stunde schafft.

Darüber hinaus spielt auch die Art des Weges eine Rolle. Auf einem guten Weg kommt man schneller und leichter voran als auf einem steinigen, holprigen oder rutschigen Weg.

Trotzdem ist der zu bewältigende Höhenunterschied ein wichtiger Anhaltspunkt, um eine Vorstellung von der Art der Wanderung zu erlangen. Grundsätzlich und ganz allgemein kann gesagt werden, je mehr Höhenmeter zu bewältigen sind, desto anstrengender ist die Tour und desto größere Gehtüchtigkeit erfordert sie.

Der vorliegende Wanderführer ist nun für durchschnittlich gehtüchtige Wanderer gedacht, die sich auch einen zwei- bis dreistündigen und damit doch relativ anstrengenden Aufstieg zutrauen. Denn es werden 45 Südtiroler Wanderungen mit Höhenunterschied zwischen etwa 500 und 1000 Höhenmetern vorgestellt. Bei mittlerer Steigung wären das – im Aufstieg – Gehzeiten zwischen rund 1½ und 3 Stunden. Bei solch zünftigen Bergwanderungen handelt es sich meist schon um recht ausgewachsene Tagestouren, bei denen einerseits zwar das Natur- und Landschaftserlebnis nicht zu kurz kommt, andererseits aber auch das Erfolgserlebnis und der sportliche Ehrgeiz auf ihre Kosten kommen.

All dies möge der vorliegende Wanderführer vermitteln!

Hanspaul Menara

INHALT

+ / - 600 Höhenmeter   + / - 700 Höhenmeter

+/- 700 Höhenmeter | +/- 800 Höhenmeter | +/- 900 Höhenmeter

+ / - 1000 Höhenmeter

Einleitung

Aufbau und Gliederung

Aufbau und Gliederung des vorliegenden Wanderführers sind einfach und übersichtlich. Den einleitenden Abschnitten folgen die Wandervorschläge, vom Westen Südtirols bis zum Osten des Landes. Jeder Wandervorschlag beinhaltet die **wichtigsten Angaben im Überblick**, eine allgemeine Charakteristik und die genaue Wegbeschreibung. Hinzu kommen **Kartenausschnitte** mit den eingezeichneten Routen sowie eine reiche Ausstattung mit Bildern, die der Verfasser selbst bei den entsprechenden Wanderungen aufgenommen hat.

Schutzhütten

Unter dem Begriff »Schutzhütte« oder »Schutzhaus« sind alle zu Fuß erreichbaren, bewirtschafteten Unterkünfte im Gebirge zu verstehen, sofern es sich nicht um Berggasthäuser, Hofschenken oder Almschenken handelt. Die Dauer der Sommerbewirtschaftung hängt von der

Links:
Feuerlilie auf Gadertaler Alm – eine der schönsten Alpenblumen

Rechts:
Die Magdeburger Hütte in Pflersch

Lage, der Besucherdichte und von der Witterung ab; sie reicht im Allgemeinen von etwa Anfang Juli bis Ende September.

Außerdem bieten Berggasthäuser sowie als Jausenstation bewirtschaftete Almhütten und Bauernhöfe **Einkehr-** und oft auch **Nächtigungsmöglichkeit.** Es liegt auf der Hand, dass die gastgewerbliche Bewirtschaftung im Lauf der Zeit Änderungen erfahren kann, daher ist es stets ratsam, entsprechende Informationen vor Antritt der Wanderung einzuholen.

Wegbeschreibung

Die Wegbeschreibungen enthalten im Rahmen des zur Verfügung stehenden Raumes die für die Planung und Durchführung der Wanderung notwendigen Angaben. Die Angaben »rechts« oder »links« sind immer im Sinne der **Gehrichtung** zu verstehen, außer sie enthalten den Zusatz »orografisch«, worunter die Fließrichtung eines Baches zu verstehen ist.

Den einzelnen Routen sind zudem wichtige **Informationen** steckbriefartig beigegeben.

Höhenunterschiede

Bei den in diesem Führer angegebenen Höhenunterschieden handelt es sich um die Höhendifferenz zwischen dem **tiefsten** und dem **höchsten Punkt** eines Weges und nicht um die Höhenleistung, die ein Wanderer etwa bei einer auf und ab führenden Route bewältigen muss. Diese effektive Höhenleistung wird hingegen im »Sentres«-App angegeben.

Bei Wegen mit durchschnittlicher Steigung gibt der Höhenunterschied ungefähre Anhaltspunkte für die Gehzeit: Für 300 bis 400 Höhenmeter benötigt man rund 1 Stunde.

Gehzeiten

Bei den angeführten Gehzeiten handelt es sich um **Annäherungswerte**, die je nach Kondition, Gehgewohnheit, Witterung und sonstigen Verhältnissen mehr oder weniger stark variieren können. Die Angaben beziehen sich auf die **reine Gehzeit** ohne längere Rastpausen.

Die Gehzeiten hängen unter anderem von der Gehweise und der Wegbeschaffenheit ab.

Wegmarkierung und Beschilderung

Die bei den Wegbeschreibungen angeführten Markierungen finden sich größtenteils auch **im Gelände** wieder, können in Einzelfällen aber auch verblasst, aufgelassen oder nur durch Farbflecke ersetzt sein. Gelegentlich muss auch mit geänderten **Markierungsnummern** gerechnet werden. Zusätzlich zur Markierung sind die Wege meist auch gut ausgeschildert, was die Orientierung sehr erleichtert.

Schwierigkeit / Anforderung

Selbstverständlich beziehen sich alle Schwierigkeitsangaben nur auf normale sommerliche Verhältnisse und auf guten Zustand der Wege. Schneelage, Vereisung, abgebrochene Wegteile, schadhafte Sicherungen oder weggeschwemmte Brücken können eine an sich leichte Route schwierig, gefährlich oder gar unbegehbar machen.

Informationen

Vor dem Antritt besonders einer längeren Tour empfiehlt es sich, vor Ort **Auskünfte** über die augenblicklichen Verhältnisse (Wegzustand, Einkehr- oder Nächtigungsmöglichkeiten usw.) einzuholen.

Kartenausschnitte

Die Kartenausschnitte in diesem Wanderführer sollen ausschließlich einen **ersten Überblick** vermitteln und niemals die Verwendung einer Wanderkarte – möglichst großen Maßstabs und bester Qualität – ersetzen.

Richtiges Wandern

Wandern – gleichgültig in welcher Form, ob als Spaziergang, als mehr oder weniger zünftiges Bergsteigen, als Naturerlebnis oder als kulturelle Bereicherung – ist gesund, erholsam und erlebnisreich und schenkt ein gewisses **Gefühl von Freiheit**.Allerdings sollte diese Freiheit nicht mit Narrenfreiheit verwechselt werden, Wandern nicht mit Hochleistungssport und Frohsinn nicht mit Leichtsinn. Und man sollte stets bedenken, dass auch leichte Wanderungen **gewisse Gefahren** in sich bergen.

Selbstverständlich wird man, wenn man einen weiten Weg vor sich hat, mit der Zeit haushalten und trachten, zügig voranzukommen. Ganz allgemein aber ist ein gleichmäßiger, ruhiger Schritt einem hastigen Gehen vorzuziehen. Das Wandern ohne Begleitung kann zwar sehr schön sein, im Hinblick auf die Sicherheit soll es hier aber nicht empfohlen werden.

Vorbereitung

Am Anfang muss man festlegen, wohin die Wanderung führen soll. Hiefür sollte man sich anhand von Karte, Wanderführer und Fahrplänen (**Info 840 000 471** oder **www.sii.bz.it**) rechtzeitig mit Wanderziel, Anfahrt, Verkehrsmitteln, Wegverlauf, Anforderungen und Gehzeiten vertraut machen und falls nötig weitere **Informationen** einholen. Mit diesem Wissen kann man dann darangehen, Bekleidung, Schuhwerk und übrige Ausrüstung herzurichten. Man tue dies früh genug und **ohne Hektik**.

Zur Vorbereitung auf eine größere Wanderung gehören auch eine gut durchschlafene Nacht und ein ordentliches Frühstück. Beides trägt zu gutem Gesamtbefinden bei und beugt unnötiger Nervosität vor.

Vor Antritt der Tour erkundige man sich nach dem Zustand der Wege und Brücken.

Kondition und Trittsicherheit

Für eine leichte und kurze Wanderung bedarf es keiner besonderen Kondition. Ist sie aber länger, der Weg steil oder gar etwas heikel, dann ist schon eine gewisse **Gehtüchtigkeit** und **Trittsicherheit** sehr wichtig. Man erwirbt diese am besten durch wiederholte Wanderungen, bei denen man sich nach und nach an das steile Gelände, an die Tücken schmaler oder beschwerlicher Pfade sowie an das Gehen mit Bergschuhen gewöhnt.

Wegarten

Wanderrouten können sehr unterschiedlich sein. Die Palette reicht vom schmalen, steilen, manchmal ausgesetzten und hier im Idealfall mit Sicherungen versehenen Bergsteig über breitere, besser begehbare, manchmal aber ebenfalls steile und ausgesetzte Fußwege bis hin zu breiten Fahr- oder Güterwegen mit nur sehr mäßiger Steigung.

Streckenweise muss man sich auch mit dem Wandern auf geteerten Straßen abfinden.

Auch relativ unschwierige Klettersteige erfordern Trittsicherheit und Schwindelfreiheit.

Heikle Wegstrecken

Der vorliegende Führer enthält keine Gletschertouren und keine besonders schwierigen Klettersteige. Dennoch ein paar Hinweise: Die Begehung von Klettersteigen und Gletschern stellt an Können, Erfahrung und Ausrüstung besondere Anforderungen, und der Anfänger darf sich an solche Touren nicht ohne Führung (Bergführer, erfahrener Tourengeher) wagen.

Auf Klettersteigen sind absolute **Schwindelfreiheit, Trittsicherheit** und ein gewisses Maß an **Kletterübung** vonnöten. Die Ausrüstung besteht bei Gletschertouren hauptsächlich aus Seil, Pickel und Steigeisen, auf schwierigen Klettersteigen aus Klettergürtel, Steinschlaghelm, Karabinern und Reepschnüren. – Auf nur kurzen klettersteigähnlichen (gesicherten) Passagen, die ohne spezielle Klettersteigausrüstung begangen werden, ist natürlich **erhöhte Vorsicht** geboten.

Bekleidung und Ausrüstung

Bei den meisten beschriebenen Routen bedarf es außer der üblichen Wanderbekleidung keiner besonderen Ausrüstung.

Die Bekleidung sollte sich nach der Länge und Schwierigkeit der Wanderung, nach der Höhenlage des Wanderzieles, nach der Witterung und nach der geografischen Lage des Wandergebietes richten.

Genügt im Hochsommer in wärmeren Gebieten bei unsicherer Witterung die Mitnahme eines **leichten Regenschutzes**, so ist im Frühjahr, Herbst und erst recht im Winter sowie in hochalpinen oder nordexponierten Zonen auch **Kälteschutz** (Anorak, Mütze) mitzunehmen.

Bei Wanderungen auf guten Wegen genügen an sich leichte Wanderschuhe; doch wenn mit abschüssigen, steinigen oder sumpfigen Wegstrecken gerechnet werden muss, empfiehlt sich **festeres, wasserdichtes und rutschsicheres Schuhwerk**.

Zu den wichtigen **Kleinutensilien** gehören besonders bei längeren Touren eine zweckmäßige Rucksackapotheke, ein Taschenmesser, die Wanderkarte und Sonnenschutzcreme. Bei einer Wanderung, bei der man in die Nacht geraten könnte, ist eine Taschenlampe wichtig. **Gehstöcke** können hilfreich sein, auf Klettersteigen aber auch hinderlich. Gute Dienste würden auf hartem Altschnee Eispickel und

Wechselhaftes Bergwetter erfordert stets die Mitnahme von Regen- und Kälteschutz

Leichtsteigeisen leisten, doch hat man diese meist nicht mit. Wanderstöcke und feste Bergschuhe mit scharfkantigen Sohlen bilden hier einen gewissen Ersatz.

Proviant

Die Mitnahme von Proviant richtet sich nach den eigenen **Essgewohnheiten**, nach der **Länge der Wanderung** und nach den vorhandenen Einkehrmöglichkeiten. Wer kräftig gefrühstückt hat, wird auf einer Tageswanderung nicht allzu viel Proviant mitschleppen.

Beste Jahreszeit

Die hohe Zeit der Bergwanderungen sind natürlich der **Sommer** und der **Frühherbst,** d. h. die Monate Juli, August und September. Gaststätten und Schutzhäuser sind zu dieser Zeit bewirtschaftet und die Wege problemlos begehbar. Der Hochsommer ist allerdings auch die Zeit der **Gewitter** und des **stärksten Besucherandrangs.** Besonders in Gebieten mit regem Tourismus ist in dieser Zeit mit überbelegten Hütten, überlaufenen Klettersteigen und überfüllten Straßen zu rechnen.

Umweltbewusstes Wandern

Die meisten Wanderer legen ein ausgeprägtes Umweltbewusstsein an den Tag, den wenigen anderen sei Folgendes ins Stammbuch ge-

Auch der Schutz der Alpenflora (im Bild der Fetthennen-Steinbrech) gehört zum umweltfreundlichen Verhalten.

Auf Schutzhütten sollte man sich früh genug anmelden – im Bild die Dreizinnenhütte.

schrieben: Man brüllt nicht in den Wäldern herum, reißt nicht seltene oder weniger seltene Blumen ab, trampelt nicht Pilze und Ameisenhaufen nieder, bekritzelt nicht von der Sitzbank bis zur Kirchenwand alles, was bekritzelbar ist, man zerstampft nicht den Bauern das Gras, entzündet im Freien keine Feuer, beschädigt nicht Zäune und Wegweiser, und man hinterlässt nicht den eigenen Dreck, zu dem auch Papiertaschentücher gehören!

Im Schutzhaus

Allgemeine Rücksichtnahme und die Einhaltung der Nachtruhe sollten eine Selbstverständlichkeit sein; ebenso die Einsicht, dass ein Schutzhaus kein Fünfsternehotel ist.

Wer in der Hauptreisezeit in einem Schutzhaus zu nächtigen gedenkt, sollte sich **rechtzeitig vormerken**. Selbstverständlich betritt man die Schlafräume nicht mit Bergschuhen, geht man mit Feuer (etwa im Winterraum) äußerst vorsichtig um, hinterlässt man keine Abfälle in den Schlafräumen und »verewigt« sich nicht an den Wänden, sondern im Hüttenbuch. Falls es Unklarheiten bezüglich einer geplanten Tour gibt, bespreche man sich mit den Wirtsleuten.

Seilbahnen und öffentliche Verkehrsmittel

Manche Seilbahnen und Sessellifte sind nur während der winterlichen Skisaison in Betrieb. Auch können ältere Führerwerke und Wanderkarten derartige Aufstiegshilfen verzeichnen, wo es sie nicht mehr gibt. Daher sollte man vor Antritt einer Tour stets entsprechende **Auskünfte einholen.**

Die Ausgangspunkte vieler Wanderungen sind bequem mit den öffentlichen Verkehrsmitteln zu erreichen. Informationen zu Fahrplänen erhalten Sie unter **Tel. 840 000 471** oder **www.sii.bz.it.** Die preisgünstige Mobilcard (1, 3 bzw. 7 Tage) erlaubt die Benutzung aller öffentlichen Verkehrsmittel des Südtiroler Verkehrsverbundes: **www.mobilcard.info**

Ein Unfall – was dann?

Unfälle ereignen sich nicht nur bei schwierigen Touren, sondern auch bei leichten Wanderungen. Ist nun so ein Unfall geschehen, sollten die Wanderbegleiter oder zufällig Dazugekommenen möglichst **Ruhe bewahren** und **genau überlegen**, was unternommen werden kann und muss. Sind die **Verletzungen nur leicht** und ist der Verunglückte leicht zu erreichen, wird man versuchen, selbst Erste Hilfe zu leisten (daher Rucksackapotheke wichtig!) und den Verletzten dorthin zu bringen, wo weitere Hilfe möglich ist.

Befindet sich der Verunglückte in schwer zugänglichem Gelände, ist genau zu überlegen, wie und ob er ohne Gefährdung der Hilfeleistenden erreichbar ist; unüberlegtes Zuhilfeeilen kann zu einem weiteren Unfall führen!

Bei **schweren Verletzungen** kann der Laie meist nur versuchen, fernmündlich Hilfe herbeizurufen. Die Unfallmeldung erfolgt vorzugsweise an die allgemeine **Notrufzentrale** oder an den nächstliegenden Rettungsdienst. Je ruhiger und präziser die Angaben gemacht werden, desto effizienter ist der **Rettungseinsatz** möglich. Besonders wichtig sind dabei möglichst genaue Angaben über die Verletzungen, die Anzahl der Verunglückten, über Unfallort, Witterung am Unfallort, eventuelle Landemöglichkeiten für Hubschrauber, die eigenen Personalien und die Rückrufnummer.

Ist diese Form des Hilfeholens nicht möglich, wird das **internationale alpine Notsignal** gegeben, das jeder Wanderer kennen sollte und im nächsten Absatz beschrieben wird. Man sei sich stets bewusst, dass die Nichtkenntnis des alpinen Notsignals und das Fehlen der wichtigsten Ausrüstungsgegenstände (Rucksackapotheke, Taschenlampe, Reepschnur, Kälteschutz, Wanderkarte) schwerwiegendste Folgen haben können!

Das alpine Notsignal

Diese international gültige Art des Hilferufens besteht darin, dass man **6x alle 10 Sekunden** »ruft«, 1 Minute wartet, wieder 6x alle 10 Sekunden Signal gibt, und so weiter, bis Antwort erfolgt.
Die Abgabe des Signals erfolgt bei Tag durch **Hilferufe und Schwenken** eines auffallenden Kleidungsstückes, bei Nacht durch **Rufen und Blinken mit einer Taschenlampe.** Die Antwort erfolgt dann in gleicher Weise, aber in Abständen von 20 Sekunden.
Man präge sich daher ein: »Hilfe« alle 10 Sekunden, »Verstanden« alle 20 Sekunden.

Landesnotrufzentrale: 118

1

Von Melag zur Weißkugelhütte 2544 m

Alm- und Hütten-Rundtour im innersten Langtauferer Tal

Die Weißkugelhütte in Langtaufers gegen die Gletscher der Ötztaler Alpen

Die Wanderung im Überblick: Melag – Schafberg – Weißkugelhütte – Melager Alm – Melag

Anfahrt: von Graun am Reschensee durch das Langtauferer Tal nach Melag

Ausgangspunkt: Melag (letzte Siedlung im Langtauferer Tal)

Orientierung und Schwierigkeit: für gehgewohnte Bergwanderer leicht und problemlos

Einkehrmöglichkeiten: ja

Beste Jahreszeit: Sommer – Frühherbst

Wanderkarten 1:50.000: Kompass, Blatt 52 (Vinschgau); Freytag-Berndt, Blatt S 2 (Vinschgau – Ötztaler Alpen) – **1:25.000:** Tabacco, Blatt 043 (Vinschgauer Oberland)

km 11,2 km — 4 ½ – 5 Std. — ⇧⇩ 627 m

Der Weg zur Weißkugelhütte

■ Unser Wanderziel, die Weißkugelhütte, ist nach der über 3700 Meter hohen Weißkugel benannt, dem höchsten und schönsten Gipfel im großen Bergkranz, der das innerste Langtauferer Tal umschließt.

Das über 2500 Meter hoch gelegene Schutzhaus bildet einen wichtigen Stützpunkt für die Weißkugelbesteigung wie für andere Hochtouren, und überdies bietet sie eine beeindruckende Schau auf eine von gleißenden Gletschern, riesigen Moränen und senkrechten Felsbastionen geprägte Hochgebirgswelt, während sich rund um die Hütte noch grüne, bunt blühende Grasböden ausbreiten.

Aber die 1893 von der Alpenvereinssektion Frankfurt erbaute Weißkugelhütte ist auch als Wanderziel sehr beliebt, zumal sie gleich mehrere Zugänge besitzt und diese Zugänge beliebig miteinander verbunden werden können.

Diese Möglichkeiten nutzend, schlage ich hier als Zugang jene Route vor, die auch als »Kleiner Langtauferer Höhenweg« bekannt ist. Sie steigt anfangs einige Zeit am Sonnenhang an und führt dann in landschaftlich besonders schöner und aussichtsreicher Querung durch die Hänge des Schafberges mit ihrer Hirtenhütte hoch über dem innersten Langtauferer Tal weitgehend eben dahin, bis schließlich über den letzten Teil des Normalweges das Ziel erreicht wird.

Für den Abstieg wählen wir hingegen den klassischen Hüttenweg, der ins innerste Tal absteigt und dann durch dieses, vorbei an der Melager Almschenke, in gemütlicher Wanderung zum Ausgangspunkt zurückbringt.

Die großartige Bergwelt, in der unsere Rundtour verläuft, ist in ihrer ursprünglichen Schönheit erhalten geblieben und gehört zu den eindrucksvollsten Gebieten des Vinschgaus. Und das gilt auch für das Langtauferer Tal selbst, wo die nicht weniger als 1900 Meter hoch gelegene Häusergruppe Melag den Ausgangs- und Endpunkt unserer Tour bildet.

Wegverlauf: Vom Weiler Melag im hintersten Langtauferer Tal (1915 m) auf Weg 1 zuerst nordseitig hinauf in Richtung Weißseejoch bis zu einem steinigen Wiesenboden mit einem Wegkreuz (2140 m; ab Melag ¾ Std.), kurz nach dem Kreuz vom Weg 1 rechts ab, nun stets auf Weg 1A (früher Nr. 3) nahezu eben zum Melagbach (Holzsteg, 2146 m), auf der anderen Seite kurz hinauf zum sogenannten Rastlegg und in ebener Hangquerung hinein zur Schafberg-Hirtenhütte in einer flachen Grasmulde (2340 m); von da zunächst kurz aufwärts, dann wieder nahezu eben die steinigen Hänge querend ostwärts bis zur Einmündung des Steiges in den vom Tal heraufkommenden Hüttenweg (Markierung 2) und nun auf diesem mäßig ansteigend zur Weißkugelhütte (2544 m; Sommerbewirtschaftung; ab Ausgangspunkt knapp 3 Std.). – Abstieg: Von der Weißkugelhütte stets auf dem Weg 2 teilweise in Serpentinen durch steile Hänge hinab zum Talbach (Karlinbach), hier über die Brücke und auf dem breiten Talweg der Markierung 5 bzw. 2/5 folgend weitgehend eben und vorbei an der Melager Alm (Ausschank) in schöner Wanderung hinaus nach Melag; ab Schutzhaus 2 Std.

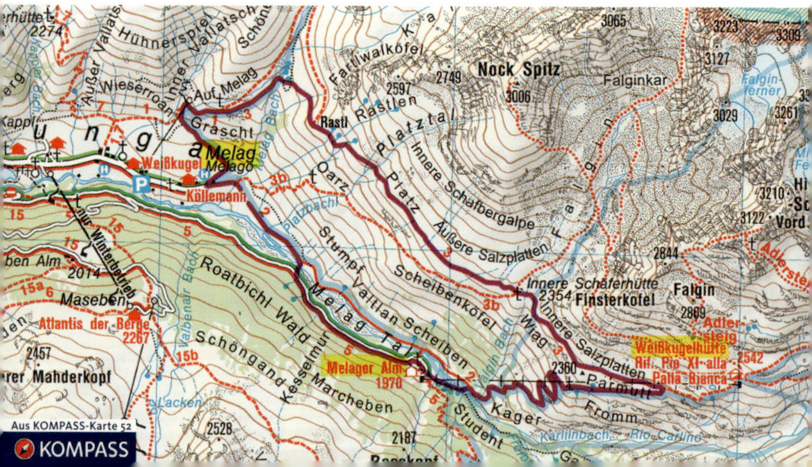

Zur Zufall- und Marteller Hütte 2610 m

Bergwanderung im Talschluss von Martell

Die Zufallhütte mit der nahen Kapelle

Die Wanderung im Überblick:
Marteller Talschluss – Zufallhütte – Marteller Hütte – retour

Anfahrt: im Bereich von Latsch/ Goldrain die Vinschgauer Talstraße verlassend südseitig hinein ins Martelltal und durch dieses, zuletzt mit einigen Kehren, bis hinauf zu großen Parkplätzen im Talschluss

Ausgangspunkt: Parkplätze im Marteller Talschluss

Orientierung und Schwierigkeit: für berggewohnte Wanderer leicht und problemlos

Einkehrmöglichkeiten: ja

Beste Jahreszeit:
Sommer – Frühherbst

Wanderkarten 1:50.000: Kompass, Blatt 72 (Ortler – Cevedale); Freytag-Berndt, Blatt S 6 (Ortlergruppe – Martell – Val di Sole) – **1:25.000:** Tabacco, Blatt 045 (Latsch – Martell – Schlanders)

km 11,3 km | 3 – 3 ½ Std. | 559 m

■ Diese Wanderung führt uns vom innersten Martelltal in kurzem Aufstieg hinauf zur Zufallhütte und weiter zur bedeutend höher gelegenen Marteller Hütte. Es sind dies zwei voll bewirtschaftete Schutzhütten in zwar landschaftlich unterschiedlicher, aber in beiden Fällen schöner Lage.

Die stattliche, 1882 von der Alpenvereinssektion Dresden errichtete Zufallhütte befindet sich nur wenig oberhalb der Baumgrenze noch im Almgelände; ein Kirchlein und eine kleine Almhütte leisten dem weit über das Martelltal schauenden Schutzhaus Gesellschaft.

Die Marteller Hütte, das eigentlich Ziel der Wanderung, liegt rund eine Gehstunde höher. Zunächst steigen wir mit dem Blick zu hohen Wasserfällen, die von den Gletschern der Veneziaspitzen herabstäuben, hinan zu einer eindrucksvollen, um 1890 aus Felsblöcken zum Schutz vor den Ausbrüchen eines damaligen Gletschersees errichteten Staumauer, und von dort geht es am Südhang hinauf zur Marteller Hütte.

Auf einem Geländevorsprung gelegen, bietet auch sie einen weitreichenden Blick talaus, doch in erster Linie bestimmt das Panorama der vergletscherten Hochgipfel über dem Talschluss das Bild, und hier wiederum bestechen vor allem die Zufallspitzen und die Königsspitze.

Zum Bild der Marteller Hütte gehört auch die Konzenlacke, ein nahe der Hütte gelegener kleiner Bergsee, an dessen Ufer sich noch kleine

Die Konzenlacke mit der Marteller Hütte

Bergkreuz bei der Marteller Hütte gegen die Königsspitze

Teppiche blühenden Bergrasens halten und der ganzen Hochgebirgsszenerie einen Hauch von Leben und Freundlichkeit verleihen.

Der Aufstieg vom Marteller Talschluss über die Zufallhütte zur Marteller Hütte, die übrigens einen wichtigen Stützpunkt für die Besteigung der Veneziaspitzen bildet, ist eine Tour, die sich jeder durchschnittlich gehgewohnte Wanderer zutrauen darf. Und landschaftlich gehört sie zweifellos zu den lohnendsten Bergwanderungen im gesamten Vinschgau.

Wegverlauf: Vom Gasthof Enzian im Marteller Talschluss (2051 m; Parkplätze, hierher gute Asphaltstraße) auf dem gut beschilderten Fußweg in schöner, nur mäßig steiler Wanderung zur Waldgrenze und zur Zufallhütte (2265 m; ½ Std.). Von da nun auf dem Weg 150 westwärts hinauf zum alten Staudamm, hier von dem taleinwärts führenden Weg links ab, den Wegweisern »Marteller Hütte« folgend hinüber auf die andere Talseite, noch kurz talein und auf dem mit 103 markierten Steig etwas steil, aber problemlos in Serpentinen hinauf zur Marteller Hütte (2610 m). Ab Ausgangspunkt 1½ – 2 Std. – Der Abstieg erfolgt auf dem Anstiegsweg in knapp 1½ Std. (ab Staumauer kann auch orografisch rechts zum Ausgangspunkt abgestiegen werden).

3

Von Sarnthein zum Putzer Kreuz 1622 m

Bergbauernhöfe, Höhenkirchlein und Gaststätte

Höhenkirchlein und Gasthaus zum Putzer Kreuz

Die Wanderung im Überblick: Sarnthein – Putzer Kreuz – Bad Schörgau – Sarnthein

Anfahrt: durch das Sarntal nach Sarnthein

Ausgangspunkt: Sarnthein

Orientierung und Schwierigkeit: für gehgewohnte Wanderer leicht und problemlos

Einkehrmöglichkeiten: ja

Beste Jahreszeit: Sommer – Herbst

Wanderkarten 1:50.000: Kompass, Blatt 54 (Bozen); Freytag-Berndt, Blatt S 1 (Bozen – Meran – Sarntal) – **1:25.000:** Tabacco, Blatt 040 (Sarntaler Alpen)

km 10,5 km | 4 Std. | 660 m

■ Wir beginnen diese Wanderung zur kleinen Höhenwallfahrt Putzer Kreuz in Sarnthein, dem Hauptort des Sarntals. Sie führt uns zu einem guten Teil durch schattige Waldhänge, aber auch durch die sonnigen Wiesen der Höfelandschaft von Putzen, von wo wir über das Tal hinweg zu den roten Porphyrwänden des Villanderer Berges und der Sarner Scharte schauen.

Das hübsche Kirchlein zum Putzer Kreuz steht zusammen mit dem schindelgedeckten kleinen Wirtshaus am Rand einer waldumrahmten Wiese, rund eine halbe Gehstunde oberhalb des erwähnten Streuweilers Putzen, nach dem zuerst das Gnadenbild und dann die ganze Wallfahrtsstätte den Namen erhalten hat.

Demnach ist die Lage zwar weniger hoch als beispielweise jene der Kirchen zum Latzfonser Kreuz, auf Raschötz oder am Schlern, aber es handelt sich trotzdem um ein ausgesprochenes Höhenheiligtum. Seine Ursprünge gehen auf die Verehrung des am Hochaltar des Kirchleins befindlichen Kruzifixes zurück, das in das 18. Jahrhundert datiert wird. Nach der Volksüberlieferung war es ein Hirte, der es geschnitzt und zunächst an einem Baum befestigt haben soll, wo dem Kreuz aufgrund seiner Wundertätigkeit schon bald zunehmende Verehrung zuteil wurde.

Es gibt Anhaltspunkte, dass die Wallfahrt bereits um 1750 bestand; gesichert ist hingegen, dass Jakob Hofer, Besitzer des Hofes Premstall

Im Innern des Kirchleins Putzer Kreuz

in Putzen, im Jahr 1822 hier eine Kapelle für das wundertätige Kreuz errichten ließ und dass 1882 das heutige Langhaus dazugebaut wurde.

Das schindelgedeckte Bauernhöfl und Wirtshaus daneben belegt durch sein Vorhandensein den regen Zuspruch, den das Wallfahrtskirchlein augenscheinlich schon früh erfuhr.

Wer den Besuch des Putzer Kreuzes zu einer größeren Rundwanderung ausdehnen möchte, kann die unter »Wegverlauf« beschriebene Abstiegsalternative einschlagen, die am bekannten Gasthof Bad Schörgau vorbeiführt.

Wegverlauf: Von Sarnthein (961 m) kurz westwärts hinan, dann stets der Beschilderung »Putzer Kreuz« folgend auf der Samerstraße und der Rungger Straße zum Waldrand, nun teils auf markiertem Fußweg (Markierung 5, Kreuzwegstationen), teils auf der Höfezufahrt durch Wald hinauf zu den Höfen von Oberputzen und weiter empor zum Höhenkirchlein Putzer Kreuz (1622 m; daneben Gaststätte); ab Sarnthein knapp 2 Std. – Empfohlener Abstieg: Vom Kirchlein auf markiertem Steig durch Wald nahezu eben hinüber zu einem breiteren Weg, auf diesem (gut markiert) hinunter zu einer Höfestraße und rechts (Wegweiser »Schörgau«) nahezu eben zu den Wiesen des Mittelberghofes; hier nun links ab, auf dem markierten Waldweg (Nr. 21) hinunter nach Bad Schörgau (Gasthaus) und schließlich auf dem ebenen Fahrweg 24 neben der Talfer talein nach Sarnthein. Ab Putzer Kreuz ca. 2 Std.

Zum Höhenweiler Platzers 1278 m

Rundwanderung im Gebiet von Völlan

Der Weiler Platzers oberhalb von Völlan

Die Wanderung im Überblick: Völlan – Platzers – Obertalmühle – Völlan

Anfahrt: von Lana über die Gampenstraße und von dieser abzweigend nach Völlan

Ausgangspunkt: Völlan

Orientierung und Schwierigkeit: für gehgewohnte Wanderer unschwierig

Einkehrmöglichkeiten: ja

Beste Jahreszeit: Frühjahr – Herbst

Wanderkarten 1:50.000: Kompass, Blatt 53 (Meran); Freytag-Berndt, Blatt S1 (Bozen – Meran – Sarntal) – **1:25.000:** Tabacco, Blatt 046 (Lana/Etschtal)

km 11,9 km | 4 Std. | 620 m

■ Diese Wanderung führt uns von Völlan hinauf zum Völlaner Badl, weiter bergan zu den Bauernhöfen von Unterplatzers und schließlich nach Platzers selbst.

Dieses Platzers ist ein rund tausend Höhenmeter über der Etschtalsohle gelegener Bergweiler, der aus einer Reihe weit verstreuter Höfe, dem erwähnten Kirchlein sowie Einkehrmöglichkeiten besteht. Die Landschaft hier ist still und idyllisch. Und so schön die ausgedehnten Wiesen von Platzers im farbenfrohen Kleid bunter Blumen im Frühsommer sind, so schön ist die Landschaft auch im Herbst, wenn sich die Ahorne verfärben, die Herbstzeitlosen blühen und das Vieh auf den Heimwiesen weidet.

Wir beginnen unsere Wanderung im Höhendorf Völlan, das wir mit dem fahrbaren Untersatz von Lana über die Gampenstraße und eine von ihr abzweigende Seitenstraße erreichen. Unübersehbar in Völlan sind seine beiden, auf zwei beherrschenden Anhöhen gelegenen Wahrzeichen, nämlich die spitztürmige Kirche und die mächtige Maienburg (oder Mayenburg).

In Völlan beginnt unsere Wanderung.

Der Weg führt uns zunächst geradezu bequem hinauf und hinein zu dem 1816 gegründeten, inmitten ausgedehnter Waldhänge gelegenen Völlaner Badl, einem Gasthaus mit dem unlängst wieder in Betrieb genommenem Heilbad. Hierauf führt der Weg über einen von tiefen Bachgräben gesäumten Waldrücken steil empor zu einer ersten Wiese und von dort geht es, schon bald weniger steil, von Hof zu Hof bis zur Kirche von Platzers, die wir als Ziel der Wanderung betrachten wollen. Diese in nahezu 1300 Meter Höhe gelegene, mit seiner getreppten Glockenmauer besonders unverwechselbare Sebastianskirche reicht in den Ursprüngen in das 16. Jahrhundert zurück und erhielt seine heutige Form um 1890.

Für den Abstieg können wir natürlich den Aufstiegsweg einschlagen, ich empfehle aber, um die Wanderung zu einer hübschen Runde zu gestalten, diesen Weg bald zu verlassen, den Graben des Brandisbaches zu überqueren und durch die Hänge des Gall, einer großen Waldkuppe, hinter der sich Platzers versteckt, abzusteigen.

Zuletzt geht es nochmals hinein zum Brandisbach, wo die einzigartige Obertalmühle Einkehrmöglichkeit bietet, und nach einer eindrucksvollen Steinbrücke wandern wir zurück nach Völlan.

➡ **Wegverlauf:** Vom südlichen Dorfrand von Völlan (696 m, Parkplätze) stets der Markierung 10 folgend zuerst auf einem Sträßchen durch Obstgüter und Wald leicht ansteigend zum Völlaner Badl (832 m, Gasthaus und Heilbad); nun weiterhin auf dem Fußweg (stets Markierung 10) über einen steilen Waldrücken hinauf zu den Wiesen und Höfen von Unterplatzers und auf dem Sträßchen, zuletzt nahezu eben, nach Platzers (1278 m; hier zwei Gasthäuser); ab Völlan gut 2 Std. – Abstieg: Wie im Aufstieg wieder zurück nach Unterplatzers, unterhalb des Hauserhofes auf Weg 4 rechts ab, durch Wald hinunter zum Brandisbach, jenseits wieder durch Wald teils eben, teils leicht absteigend hinunter zum Birchgut und auf Weg 8 A durch Wald hinunter zu einem Bildstock; hier links ab, auf Fahrweg (Markierung 8) leicht absteigend zum Buschenschank Obertalmühle am Brandisbach (656 m) und jenseits teilweise leicht ansteigend hinaus nach Völlan; ab Platzers knapp 2 Std.

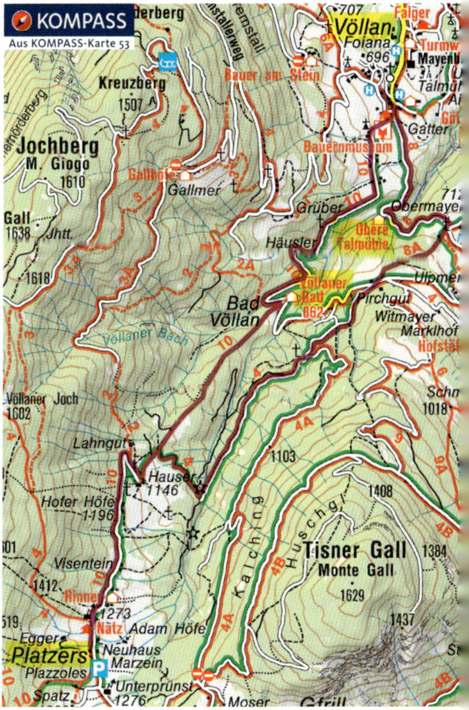

5

Von Kaltenbrunn nach Radein 1562 m

Zur höchsten Siedlung des Südtiroler Unterlandes

Die weithin sichtbare Kirche in Oberradein

Die Wanderung im Überblick: Kaltenbrunn – Unterradein – Oberradein – retour

Anfahrt: von Auer oder Neumarkt über die Fleimstalstraße nach Kaltenbrunn

Ausgangspunkt: Kaltenbrunn

Orientierung und Schwierigkeit: in jeder Hinsicht leicht und problemlos

Einkehrmöglichkeiten: ja

Beste Jahreszeit: Frühsommer – Spätherbst

Wanderkarten 1:50.000: Kompass, Blatt 74 (Tramin – Cavalese); Freytag-Berndt, Blatt S 7 (Überetsch – Kalterer See – Südtiroler Unterland) – **1:25.000:** Tabacco, Blatt 029 (Schlern – Rosengarten – Regglberg)

km 8,9 km | 3 – 4 Std. | 570 m

■ Diese Wanderung lässt uns das Gebiet der ausgedehnten, zur Gemeinde Aldein gehörenden Streusiedlung Radein kennen lernen. Es ist dies eine sonnige Siedlungslandschaft, die aus den Ortsteilen Neuradein, Unterradein und Oberradein besteht.

Unser Weg beginnt im Dorf Kaltenbrunn an der von Auer oder Neumarkt ins Fleimstal führenden Straße. Von dort wandern wir durch schöne Wälder zu den Häusern und Höfen von Unterradein, und vom stattlichen Trogerhof führt der alte gepflasterte Weg bergwärts weiter. Ein Bildstock am Weg mit der Jahreszahl 1799 erinnert an den Beginn der Tiroler Freiheitskämpfe, an denen auch viele Radeiner teilnahmen.

Schließlich erreichen wir die Wiesen- und Höfelandschaft von Oberradein und wandern über den herrlich gelegenen Wastlhof und den berühmten Zirmer, der seit 1890 auch Gasthaus ist und in dem einst hochrangige Persönlichkeiten aus halb Europa zur Sommerfrische weilten, bis zur Pfarrkirche von Radein, einem der schönstgelegenen und anmutigsten Höhenheiligtümer weitum.

Bildstöckl aus dem schicksalsschweren Jahr 1799 am Weg nach Oberradein

Geweiht ist die Kirche, deren Chor noch in die Zeit um 1400 zurückreicht, dem hl. Wolfgang, der im 10. Jahrhundert Bischof in Regensburg war. Nicht weit von der Kirche entfernt liegt ein Weiler, den man die »Stadt« nennt, und dort finden wir in rund 1600 Meter Höhe die höchstgelegenen Höfe des gesamten Südtiroler Unterlandes.

Den Abstieg nehmen wir nicht mehr über die Aufstiegsroute, sondern weiter östlich durch ein kleines Waldtal, in dem sich die Häusergruppe Grube befindet. Und über den ansitzartigen Bachnerhof mit seiner Martinskapelle kehren wir dem Schwarzenbach entlang wieder nach Unterradein zurück.

➡ **Wegverlauf:** Von Kaltenbrunn (991 m) der Markierung 7 folgend teils auf dem alten Radeiner Weg, teils auf Straßen nordöstlich hinauf zur Häusergruppe Unterradein (ca. 1100 m; ab Kaltenbrunn 20 Min.). Nun stets der Markierung 9 folgend zuerst zum stattlichen

Herbst bei Oberradein mit Blick zum Weißhorn

Trogerhof mit Kapelle, dann durch Tannen- und Fichtenwälder auf dem alten Pflasterweg, der nur einmal von der Radeiner Straße gekreuzt wird, nordwärts mittelsteil hinauf zum Wastlhof (1495 m), kurz weiter zum Zirmerhof (1552 m, Gasthof) und südostwärts zur Kirche von Oberradein (1562 m); ab Kaltenbrunn knapp 2 Std. – Von der Kirche in ca. 15 Minuten auf der Straße hinüber zur Höfegruppe

»Stadt« (ca. 1560–1600 m, Gasthaus), wo der Abstieg beginnt: Teils auf der Straße, teils abseits auf der alten Wegroute (heute ebenfalls Fahrweg) der Markierung 7 folgend zuerst durch Wiesengelände und dann in einem Waldtälchen hinunter zu den Häusergruppen Grube und Burg, weiter talaus nach Unterradein und wie im Aufstieg zurück zum Ausgangspunkt; ab Oberradein 1½ Std.

Juac-Alm und Steviahütte 2312 m

Aussichtswarten über dem inneren Grödner Tal

Die Steviahütte in Gröden mit Blick zu den Cirspitzen

Die Wanderung im Überblick: Wolkenstein-Daunëi – Juac – Steviahütte – retour

Anfahrt: von der Brenner-Staatsstraße oder von der Autobahnausfahrt bei Klausen ins Grödental und am Westrand von Wolkenstein kurz hinauf nach Daunëi

Ausgangspunkt: Parkplatz oberhalb Daunëi

Orientierung und Schwierigkeit: für gehgewohnte und einigermaßen trittsichere Bergwanderer unschwierig

Einkehrmöglichkeiten: ja

Beste Jahreszeit: Frühsommer – Frühherbst

Wanderkarten 1:50.000: Kompass, Blatt 59 (Sellagruppe); Freytag-Berndt, Blatt S 5 (Gröden – Cortina – Marmolada) – **1:25.000:** Tabacco, Blatt 05 (Gröden – Seiser Alm)

km 7,3 km | 3 ½ Std. | 637 m

■ Bei dieser Wanderung in die Grödner Dolomiten erklimmen wir die Höhen des Steviamassivs, das unweit von Wolkenstein über dem Eingang des Langentals aufragt. Unser Hauptziel ist dabei die gut 2300 Meter hoch gelegene Steviahütte, eine private Schutzhütte. Sie steht, unweit der gleichnamigen Almhütte, inmitten ausgedehnter Schafweiden an einem besonders hübschen Platz mit herrlicher Aussicht auf die umliegenden Gipfel und Gruppen der Grödner Dolomiten. Dabei beeindruckt ganz besonders der Blick zu den gerade gegenüberliegenden Felsbastionen des mächtigen Sellastocks.

Die Steviahütte kann von Wolkenstein über einen exponierten Klettersteig, von St. Christina über die Regensburger Hütte oder auch in Form einer großzügigen Überschreitung des Col da la Pieres erreicht werden. Der von uns gewählte und wohl auch einer der lohnendsten Zugänge führt hingegen vom Weiler Daunëi, den wir von Wolkenstein herauf erreichen, auf gut bezeichneten Wegen über die Juac-Alm und dann über die schmale Silvesterscharte herauf.

Bei diesem Anstieg durchwandern wir zunächst schönen Nadelwald und lichte Lärchenhaine und treten dann hinaus auf die Wiesen von Juac, im Sommer ein Blütenmeer vor den unvergleichlichen Felskulissen von Langkofel, Schlern und Geislergruppe. Und hier bietet die Juac-Hütte bereits eine erste Einkehrmöglichkeit.

Höher oben geht es dann über gute Stufen durch eine kleine steile Felsschlucht empor, und nachdem wir am Fuße senkrechter Felsen, in denen die ebenso seltene wie schöne Schopf-Teufelskralle blüht, eine kleine Höhle passiert haben, erreichen wir schließlich unser Ziel – die freien Hänge der Stevia-Alm, einer mäßig steilen, plateauartigen Hochweide von beachtlichen Ausmaßen, auf der im Sommer einige hundert Schafe ihr Futter suchen und, wie gesagt, die gleichnamige Schutzhütte steht.

Wegkreuz auf Juac

Blick von der Steviahütte zum Sellastock

Wegverlauf: Anfahrt vom Westrand von Wolkenstein in Gröden bis zum Touristenparkplatz oberhalb des Weilers Daunëi (1675 m). Von da zu Fuß der Markierung 3 folgend zuerst kurz auf Hofzufahrt und dann auf Fußweg durch Wald und Wiesen nordwärts hinauf zur Juac-Hütte auf der gleichnamigen Alm (1903 m, Ausschank), nun auf Weg 17 ostwärts zunächst wieder durch Wald und dann über felsiges Steilgelände teilweise über Stufen und in Serpentinen empor zur Silvesterscharte (2280 m), jenseits kurz hinunter zu Wegteilung und links zuerst in ebener Hangquerung und zuletzt in mittelsteilem Anstieg hinauf zur Steviahütte (2312 m; Sommerbewirtschaftung; einige Schlafplätze für Notfälle); ab Ausgangspunkt 2 Std. – Abstieg: Über den beschriebenen Aufstiegsweg (gut 1½ Std.)

Seiser Alm und Tierser-Alpl-Hütte 2438 m

Wanderziel zwischen Schlern und Rosengarten

Die Tierser-Alpl-Hütte unter den Roßzähnen

Die Wanderung im Überblick: Kompatsch – Roßzähnscharte – Tierser-Alpl-Hütte – Mahlknechthütte – Kompatsch

Anfahrt: von Waidbruck oder Blumau hinauf ins Schlerngebiet und von Seis mit der Umlaufbahn hinauf nach Kompatsch am Westrand der Seiser Alm

Ausgangspunkt: Kompatsch am Westrand der Seiser Alm

Orientierung und Schwierigkeit: lange, aber für gehgewohnte Wanderer mit Bergerfahrung unschwierige Rundtour

Einkehrmöglichkeiten: ja

Beste Jahreszeit: Sommer – Frühherbst

Wanderkarten 1:50.000: Kompass, Blatt 59 (Sellagruppe – Marmolata); Freytag-Berndt, Blatt S 1 (Bozen – Meran – Sarntal) und Blatt S 5 (Gröden – Cortina – Marmolada) – **1:25.000:** Tabacco, Blatt 029 (Schlern – Rosengarten – Latemar – Regglberg)

km 11,9 km | 5 Std. | 630 m

■ Zwischen dem Schlern und der Rosengartengruppe erhebt sich ein kleiner, relativ selbstständiger Bergstock, der aus der Roterdspitze und den bizarren Felsgebilden der Roßzähne besteht. Das ganze bildet einen an das Schlernplateau anschließenden Felskamm, auf dessen Südseite einerseits sehr steile Hänge ins Tierser Tal abfallen, aber sich andererseits auch das kleine Hochweidegebiet des Tierser Alpls ausbreitet.

Weidevieh auf der Seiser Alm, im Hintergrund der Schlern

Das in diesem Bereich liegende Tierser-Alpl-Joch bildet seit eh und je einen Übergang vom Tierser Tal durch das Tschamintal und das Bärenloch hinüber ins fassanische Durontal wie auch hinüber zur Seiser Alm. Außerdem führt auch jener lange Touristenpfad, der das Schlernhaus mit dem Sellajoch verbindet, über das genannte Joch.

An diesem landschaftlich schönen und verhältnismäßig stark begangenen Platz errichtete der Bergführer Max Aichner 1963 die Tierser-Alpl-Hütte. Darüber hinaus legte der unermüdliche Hüttenwirt in mühevoller Arbeit einen beliebten, wenn auch nicht ganz leichten Klettersteig an, der die Überschreitung der erwähnten Roßzähne ermöglicht.

Als Alternative zu den steilen Anstiegen von Tiers herauf bieten sich zwei leichtere Zugänge von der Seiser Alm her an und erlauben so, diese größte Hochalmfläche Europas in Form einer Rundtour zu durchwandern und näher kennenzulernen.

Für den Aufstieg wählen wir die Route, die zuerst längere Zeit über relativ flaches Grasgelände und dann im Zickzack etwas anstrengend über steilen Schutt zur Roßzähnscharte führt und von dort in kurzer Wanderung die Hütte erreicht, während wir für die Rückkehr zum Ausgangspunkt jenen klassischen Weg einschlagen, der über das Dialerhaus und die Mahlknechthütte die Roßzähne ostseitig umgeht. So ergibt sich eine der beliebtesten Rundwanderungen, die sich im Reich der berühmten Seiser Alm unternehmen lassen.

Wegverlauf: Von Kompatsch am Westrand der Seiser Alm (1870 m; hierher Umlaufbahn bzw. Straße von Seis bzw. Kastelruth herauf) mit dem Sessellift südlich hinauf zum Hotel Panorama am sogenannten Joch (2014 m; zu Fuß 20 Min., Weg 7), dann stets auf Steig 2 leicht absteigend und eben über die Seiser Alm südwärts, später an den Hängen des Grunser Bühels und des Goldknopfs allmählich ansteigend (stets Steig 2) zum Fuß des Roßzähne-Kammes, nun in Serpentinen über Geröll steil empor zur Roßzähnscharte (2499 m) und jenseits auf dem Weg 2 in wenigen Minuten südwestwärts hinüber zur Tierser-Alpl-Hütte (2438 m, Sommerbewirtschaftung; ab Ausgangspunkt 2 ½ Std. – Abstieg: Von der Hütte auf dem breiten Fahrweg (Markierung 4) durch ein steiles Bergtälchen ostwärts hinunter zum Dialer- oder Seiser-Alpen-Haus (2145 m, Gasthof), links auf dem Fußweg 7 durch Grasgelände – und kleine Gräben überquerend – nordwärts zur Mahlknechthütte (2054 m, ebenfalls Gasthof), nun auf dem breiten Fahrweg (stets Markierung 7) zuerst ein Stück aufwärts und dann großteils annähernd eben durch die Wiesen der Seiser Alm zurück zum Ausgangspunkt. Ab Tierser Alpl 2 ½–3 Std.

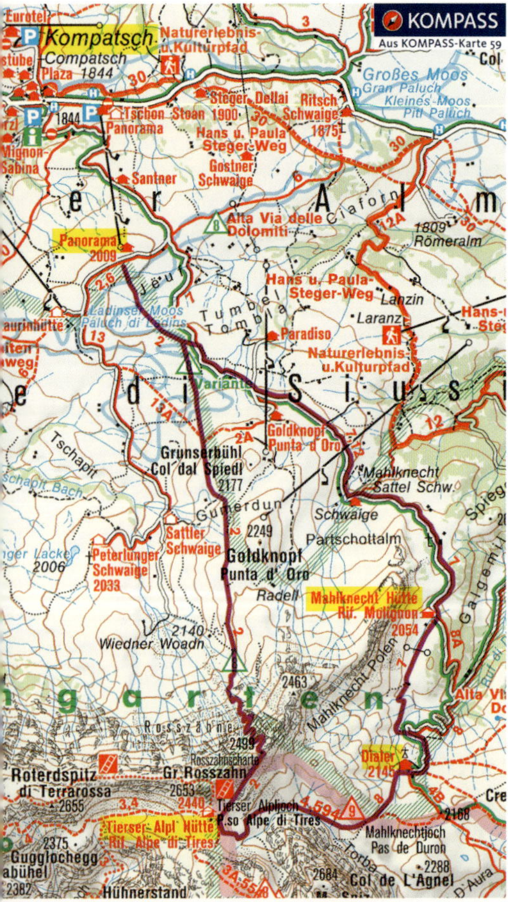

Fodara Vedla und Senes 2116 m

Von Pederü im Rautal zu den ostseitigen Almhöhen

Der kleine See auf der Sennesalm gegen die Ampezzaner Berge

Die Wanderung im Überblick: Pederü – Fodara Vedla – Senes – retour

Anfahrt: von St. Vigil in Enneberg nach Pederü im Talschluss

Ausgangspunkt: Gasthaus Pederü im Rautal

Orientierung und Schwierigkeit: für gehgewohnte Wanderer leicht und problemlos; die Wege teilweise steinig, daher gutes Schuhwerk wichtig!

Einkehrmöglichkeiten: ja

Beste Jahreszeit: Sommer – Frühherbst

Wanderkarten 1:50.000: Kompass, Blatt 57 (Bruneck – Toblach); Freytag-Berndt, Blatt S 3 (Pustertal – Bruneck – Drei Zinnen) – **1:25.000:** Tabacco, Blatt 031 (Pragser Dolomiten – Enneberg)

km 10 km | 3 ½ – 4 Std. | 571 m

■ Die Almgebiete von Fodara Vedla und Senes (auch Sennes geschrieben) breiten sich auf den ostseitigen Höhen des inneren Rautales aus, das südlich von St. Vigil in Enneberg zwischen senkrechten Felswänden eingeschnitten ist. Auf den genannten Höhen befinden sich schon während der Zwischenkriegszeit erbaute und später vergrößerte Schutzhütten.

Die beiden Almen liegen ziemlich weit voneinander getrennt, können aber dennoch in Form einer einzigen Wanderung besucht und kenngelernt werden. Den Ausgangspunkt bildet dabei Pederü, ein ebener Talboden mit gleichnamigem Gasthaus und großen Parkplätzen am Ende des erwähnten Rautales.

Von dort steigen wir über das alte steile Kriegssträßchen in vielen Kehren zu den Höhen von Fodara Vedla an. An den Felsen blühen im Sommer Teufelskralle und Akelei, unter Felsüberhängen haben Mehlschwalben ihre Nester, im Wald, der aus Lärchen und Zirben besteht, blühen Alpenrosen.

In einer weiten grünen Geländemulde liegt Fodara Vedla. Deren zahlreichen, weitgehend in ihrem ursprünglichen Zustand erhaltenen Hütten bilden ein hübsches Almdorf, zu dem sich eine hübsche Kapelle und eine stattliche Almgaststätte gesellen. Die Baulichkeiten werden zwar von freien Grasböden umgeben, aber rund um diese breiten sich dichte Bestände von Legföhren, Zirben und Lärchen aus, die das Landschaftsbild stark mitbestimmen und Heimstatt für verschiedene Vertreter der alpinen Fauna sind.

Weit abseits des aus dem Ersten Weltkrieg stammenden Fahrweges führt ein überaus hübscher Fußweg über Felsstufen hinan zur Waldgrenze, wo man die Almböden von Senes betritt. Auch hier wieder ein malerisches, aus zahlreichen alten Hütten bestehendes Almdorf – das sich sogar

Das Almkirchlein auf Fodara Vedla

in einem kleinen Almsee widerspiegelt –, und auch hier ein stattliches Almgasthaus.

Die Senesalm liegt bereits im baumfreien Gelände, die Grasflächen sind wesentlich größer als unten in Fodara Vedla, die Latschenbestände viel kleiner, und auf den Hügeln rundherum ersetzen nackter Fels und Gesteinsschutt den Grasbelag.

Die Almen Fodara Vedla und Senes gehören zwar zu Enneberg, doch grenzt das Gebiet bereits an jenes von Ampezzo. Daher liegen nicht nur die Gadertaler Berge im Blickfeld, sondern auch so mancher Ampezzaner Hochgipfel.

➡ **Wegverlauf:** Vom Gasthaus Pederü im innersten Rautal (1545 m; hierher Straße von St. Vigil in Enneberg herein) stets der Beschilderung »Fodara Vedla« folgend auf dem breiten Weg 9/7 (später 7) am Steilhang ostseitig in vielen Kehren empor, dann den breiten Weg verlassend auf markiertem Fußweg nahezu eben durch Wald zu einem Jöchl und im Almgelände kurz hinab zur Alm Fodara Vedla (1966 m; ab Pederü knapp 1½ Std.; Almgasthaus). – Von dort auf Weg 7 teilweise durch lichten Wald hinauf und schließlich über flache Grasböden eben hinüber zur Senesalm mit dem Almgasthaus (2116 m; ab Pederü 2½ Std.). – Abstieg: Entweder zur Gänze über die beschriebene Aufstiegsroute oder vom Südrand der Grasflächen von Senes nicht mehr auf dem Fußweg über die Alm Fodara Vedla, sondern rechts auf dem breiten, teilweise aber sehr steilen Fahrweg (Markierung 9) hinunter in ein Waldtal und wie im Aufstieg nach Pederü; ca. 1½ Std.

Klammbachalm und Nemesalm

Rundwanderung auf der Sextner Sonnenseite

Pferde auf der Nemesalm gegen die Sextner Dolomiten (Dreischusterspitze)

Die Wanderung im Überblick: Moos – Klammbachalm – Nemesalm – Moos

Anfahrt: Innichen – Sexten – Moos

Ausgangspunkt: Moos

Orientierung und Schwierigkeit: für gehgewohnte Wanderer leicht und problemlos

Einkehrmöglichkeit: ja

Beste Jahreszeit: Sommer – Herbst

Wanderkarten 1:50.000: Kompass, Blatt 58 (Sextner Dolomiten); Freytag-Berndt, Blatt S 10 (Sextner Dolomiten – Ampezzo – Marmarole) – **1:25.000:** Tabacco, Blatt 010 (Sextner Dolomiten)

km 17,3 km | 5 ½ Std. | 607 m

■ Die Klammbachalm und die etwas weiter südlich befindliche Nemesalm liegen auf der grünen und sonnigen Ostseite des Sextentales und bieten einen schönen Einblick in die Bergwelt der Sextner Dolomiten. Die sanft geformten grünen Hänge im Vordergrund und die schroffen, senkrechten Zacken, Türme und Wände im Hintergrund – dieser Gegensatz macht den besonderen Reiz unserer Wanderung aus.

Beide Almen bieten Einkehrmöglichkeit, und da sie ein schöner Höhenweg miteinander verbindet und ihre Zugänge ein und denselben Ausgangspunkt haben, lässt sich ihr Besuch zu einer lohnenden Rundwanderung gestalten.

Die Klammbachalm mit ihren ausgedehnten Weideflächen

Auf den riesigen Weideflächen der beiden Almen, auf denen sich im Sommer die Wiesen und Alpenrosensträucher zu einem wahren Blütenmeer entfalten, verbringen viele hundert Rinder und zahlreiche Pferde die Freiheit des Almsommers.

Zur Klammbachalm führt uns ein breiter Weg, der von Moos durch die Waldhänge gemächlich ansteigt und zuletzt durch freie Bergweiden die beschaulich an den Hang gelehnte Hütte erreicht. Hier legen wir Rast ein und lassen uns vom Blick auf die unvergleichliche Felsarena der Sextner Dolomiten gefangen nehmen. Dann aber setzen wir unsere Rundwanderung fort und wandern mit herrlicher Aussicht zur ebenfalls als Gastschenke bewirtschafteten Hütte der Nemesalm, deren Weidegebiet noch größer ist als jenes der Klammbachalm.

Diese Alm ist aber nicht nur riesig, sie ist auch geschichtlich interessant. Denn Kleinfunde aus der Mittelsteinzeit und einer großen Lanzenspitze aus der Bronzezeit belegen hier menschliche Anwesenheit bereits vor mehreren Jahrtausenden. Aus prähistorischer Zeit stammt offenbar auch der Name, und in den schriftlichen Quellen scheint die Alm bereits im Hochmittelalter auf.

Nachdem wir so auch diese Alm besucht und kennengelernt haben, führt uns der Weg wieder talwärts. Schon bald nehmen uns die prächtigen Nadelwälder auf, wir kommen am hohen Wegkreuz vorbei, in dessen Nähe wir beim Aufstieg zur Klammbachalm abgebogen sind, und schließlich kehren wir aus der Weite der Almen wieder in die Enge der Täler zurück.

Wegverlauf: Von Moos im Sextental (1337 m) auf der kurzen Nemesstraße ostseitig zwischen den Häusern hinauf, dann auf dem breiten Forstweg (Markierung 13) zuerst kurz durch Wiesen und dann stets durch Wald durchwegs nur leicht ansteigend hinauf bis zur Weggabel, an der links der breite Weg zur Klammbachalm abzweigt; auf diesem nun in etwa ½ Std. durch Wald und Bergwiesen mäßig ansteigend hinauf zur genannten Alm (1944 m; Ausschank; ab Moos gut 2 Std.). Nun auf dem Weg 13 südostwärts teils durch bewaldete, größerenteils aber durch freie Hänge in langer Wanderung mit geringen Höhenunterschieden zur Nemesalm (1877 m; Almschenke; ab Klammbachalm knapp 2 Std.). Dann teils auf dem nach Moos führenden Güterweg, teils auf dem alten Fußweg hinunter zur Abzweigung des zur Klammbachalm führenden Weges und wie im Aufstieg zurück nach Moos; ab Nemesalm gut 1½ Std.

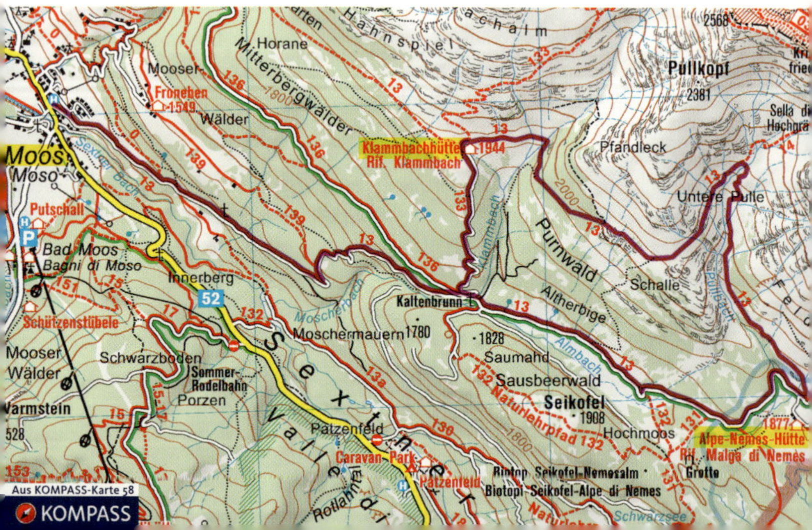

Auf die Seebodenspitze 2859 m

Von St. Valentin über die Haider Alm zum Gipfel

Die Seebodenspitze, vom Aufstiegsweg aus

Die Tour im Überblick:
St. Valentin auf der Haide – Haider Alm – Seebodenspitze – Drei Seen – Haider Alm – Ausgangspunkt

Anfahrt: durch den Vinschgau nach St. Valentin auf der Haide

Ausgangspunkt: St. Valentin auf der Haide

Orientierung und Schwierigkeit:
für gehgewohnte Bergwanderer leicht und problemlos

Einkehrmöglichkeiten: ja

Beste Jahreszeit:
Sommer – Frühherbst

Wanderkarten 1:50.000:
Kompass, Blatt 52 (Vinschgau); Freytag-Berndt, Blatt S 2 (Vinschgau – Ötztaler Alpen) – **1:25.000:** Tabacco, Blatt 044 (Vinschgau – Sesvenna)

km 5,6 km | 4 Std. | 739 m

Wollgras wächst am Rand kleiner Wasserflächen

■ Unser Tourenziel, die Seebodenspitze (auch Seebödenspitze), erhebt sich westseitig über dem Haider See im oberen Vinschgau. Der Berg erfreut sich besonderer Beliebtheit, weil man, um ihn zu besteigen, nicht im Tal losmarschieren muss, sondern von St. Valentin auf der Haide mit der Umlaufbahn mühelos bis hinauf zur Haider Alm und damit bis in eine Höhe von gut 2100 Meter schweben kann.

Was dann noch bleibt, ist ein gut zweistündiger, teilweise etwas steiler, aber absolut unschwieriger Aufstieg auf markiertem Steig über freie, großteils grüne Hänge.

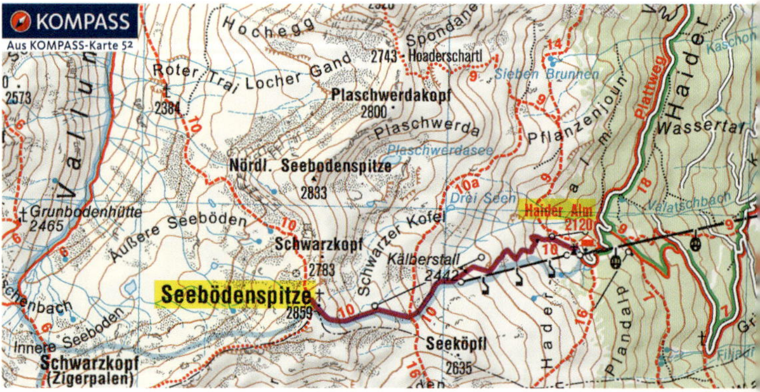

Am Gipfel der Seebodenspitze

Haben wir das weithin sichtbare Gipfelkreuz erreicht, überblicken wir so gut wie die gesamte Bergwelt, die das oberste Inntal und den oberen Vinschgau umrahmt: die Münstertaler Alpen, die westlichen Ötztaler Alpen und die Ortlergruppe.

Beim Abstieg folgen wir nicht zur Gänze dem Aufstiegsweg, sondern schlagen den hübschen Umweg über die sogenannten »Drei Seen« ein. Das sind zwar nur sehr kleine Wasseransammlungen, aber der Steig führt uns durch eine idyllische, völlig unberührte Berglandschaft, und es ist schön, am Ufer eines der Seelein Rast zu halten und über das Wasser zu schauen, in dem sich der Himmel und die Wolken widerspiegeln.

Wie man angesichts der geringen Größe der drei Seeaugen wohl bereits vermutet, haben nicht sie unserem Gipfel den Namen gegeben. Denn die Seeböden, die bei der Namengebung Pate gestanden sind, liegen auf der rückwärtigen, gegen Rojen abfallenden Seite des Berges. An ihnen kommen wir zwar nicht vorbei, aber wir blicken immerhin auf sie hinunter.

So ist unsere Tour bis zu einem gewissen Grad auch eine Seenwanderung, im Vordergrund steht aber doch die Gipfeltour und die damit verbundene Freude, die sich einstellt, wenn das Kreuz am höchsten Punkt und am Ende des Aufstiegs erreicht.

Wegverlauf: Von St. Valentin auf der Haide (1470 m) zunächst westseitig mit der Umlaufbahn hinauf zur Haider Alm (2120 m, Gaststätte). Von dort auf Steig 10 über die großteils mit Gras und Zwergsträuchern bewachsenen und nur im obersten Teil felsiger werdenden Hänge westwärts meist ziemlich steil, aber absolut unschwierig und ohne jedwelche Orientierungsprobleme hinauf zum Gipfelkreuz (2859 m); ab Haider Alm gut 2 Std. – Abstieg: Vom Gipfel über die Aufstiegsroute wieder hinunter bis zu Wegteilung (ca. 2600 m), hier links ab, dem Wegweiser »Drei Seen« folgend auf Steig 10 A hinunter zu drei kleinen Seeaugen (ca. 2500 m), dann auf dem Steig teils eben, teils absteigend nordwärts zum Steig 9, auf diesem rechts kurz hinunter zum Weg 14 und auf diesem nochmals rechts abbiegend und bald mäßig absteigend zurück zur Haider Alm; ab Gipfel knapp 2 Std.

Einer der kleinen Drei Seen mit Blick zu den Ötztaler Alpen

Nach St. Martin am Schneeberg 2355 m

Zum einstigen Knappendorf und Bergwerk in Hinterpasseier

St. Martin am Schneeberg, das einstige Knappendorf

Die Wanderung im Überblick: Timmelsjochstraße – Seemoos – St. Martin am Schneeberg – retour

Anfahrt: von Moos in Passeier zur Brücke über den Schneebergbach kurz vor Saltnuß

Ausgangspunkt: Straßenbrücke über den Schneebergbach

Orientierung und Schwierigkeit: für etwas berggewohnte Wanderer leicht und problemlos

Einkehrmöglichkeiten: Schneeberghütte und Bergbauwelt Ridnaun/Schneeberg , siehe S. 165

Beste Jahreszeit: Sommer – Frühherbst

Wanderkarten 1:50.000: Kompass, Blatt 44 (Sterzing); Freytag-Berndt, Blatt S 8 (Passeier – Timmelsjoch – Jaufen) – **1:25.000:** Tabacco, Blatt 039 (Passeiertal)

km 8,9 km | 3 ½ Std. | 689 m

■ Hoch oben zwischen dem innersten Passeiertal und dem innersten Ridnauntal befinden sich, umrahmt von bizarren Berggipfeln, die ausgedehnten Zeugnisse des einstigen Bergbaus am Schneeberg.

Neben riesigen Abraumhalden, Stollen und Resten der Transportanlagen beeindruckt da vor allem die einstige Knappensiedlung St. Martin, die nicht weniger als 2355 Meter hoch liegt und als höchstgelegenes einstiges Dorf Europas gilt. Bis vor einigen Jahrzehnten gab es da oben im Hochgebirge der Stubaier Alpen ein Dutzend Häuser, eine kleine Schule, eine Art Krankenhaus, eine Gaststätte und das sogenannte Herrenhaus. Buntes Leben und Treiben, Fröhlichkeit, aber auch Not, Krankheit und schwere Schicksale prägten das Leben in St. Martin und in den Arbeitsstätten tief drinnen im Berg.

Das Erzabbaugebiet am Schneeberg gehörte zu den höchstgelegenen Bergwerken Europas und zeitweise auch zu den ertragreichsten der Alpen. Es war ein Bergbau, dessen Silber schon im Hochmittelalter guten Ruf besaß.

Vieles aus der Zeit von einst ist verschwunden, aber die erwähnten Abraumhalden, Stolleneingänge, Reste der einstigen Förderanlagen, mit denen das Erz über den hohen Kamm auf die Ridnauner Seite und weiter über Sterzing zu den Schmelzhütten im Inntal befördert wurde – all das erzählt von der Zeit, da hier in den tiefen Stollen Silber, Blei und Zinkblende abgebaut wurden.

Der Erzabbau wurde auf der Passeirer Seite 1967 eingestellt und damit setzte auch der Niedergang des Knappendorfes ein, nachdem bereits 1955 das Kirchlein mit dem bezeichnenden Patrozinium »Maria Schnee« durch einen Brand zur Ruine herabgesunken war.

Die Bergflur Seemoos mit Zeugen des ehemaligen Bergwerks

Einzelne Häuser aber blieben erhalten, und so konnte das ehemalige »Herrenhaus« durch die Sektion Meran des Club Alpino Italiano zum Schutzhaus umfunktioniert werden. Außerdem ist es gelungen, das Kirchlein wieder aufzubauen, dessen Weihe 1993 stattfand. Und schließlich wurde in St. Martin auch ein kleines Bergbaumuseum eingerichtet.

Das alles vermittelt wenn auch keine richtige Vorstellung, so doch eine Ahnung vom Bergbaubetrieb, der hier rund sechs Jahrhunderte lang herrschte und das Bild der Landschaft, aber auch das Leben vieler Menschen bestimmte. Damit gehört St. Martin zweifelsohne zu den eindrucksvollsten kulturgeschichtlichen Sehenswürdigkeiten Südtirols und weit darüber hinaus.

Wegverlauf: Von der Brücke, mit der die Timmelsjochstraße im hintersten Passeiertal kurz vor dem Gasthaus »Saltnuß« den Schneebergbach überquert (1666 m, Wegweiser) auf dem breiten Weg 31 zuerst teilweise durch Wald und dann über Almgelände großteils nur mäßig steil nordostwärts hinauf zum Seemoos (hier ein sogenannter Bremsberg und andere Reste des Bergbaus) und dann entweder auf dem Hauptweg oder auf steileren Alternativen empor nach St. Martin (2355 m); ab Ausgangspunkt 2 Std. – Der Abstieg von St. Martin erfolgt dann wieder über den beschriebenen Anstiegsweg.

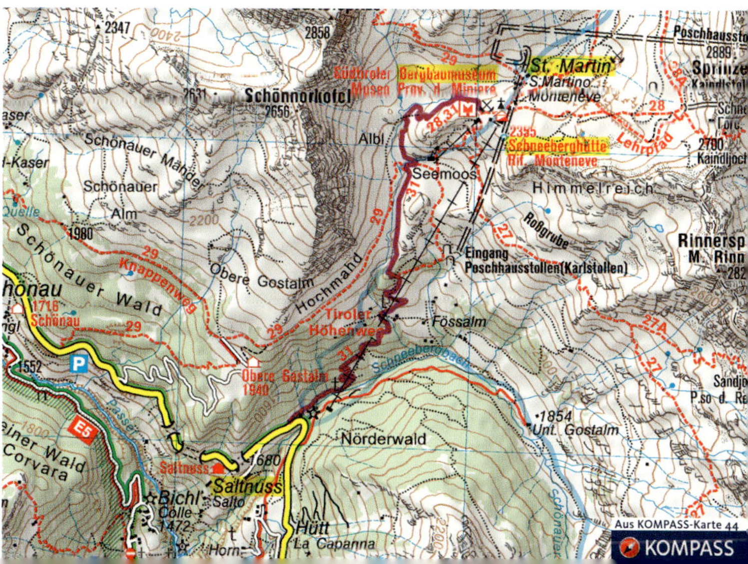

Tschafonhütte und Völsegger Spitze

Gipfelwanderung zwischen Rosengarten und Schlern

Das Wetterkreuz am Gipfel der Völsegger Spitze

Die Wanderung im Überblick: Tierser Talschluss – Tschafonhütte – Völsegger Spitze – retour

Anfahrt: von Blumau im unteren Eisacktal nach Tiers und St. Zyprian und links hinein nach Weißlahnbad

Ausgangspunkt: Parkplätze im Tierser Talschluss unweit von Weißlahnbad

Orientierung und Schwierigkeit: für gehgewohnte Wanderer mit etwas Bergerfahrung leicht und problemlos

Einkehrmöglichkeiten: Tschafonhütte, siehe S. 167

Beste Jahreszeit: Frühsommer – Herbst

Wanderkarten 1:50.000: Kompass, Blatt 54 (Bozen); Freytag-Berndt, Blatt S 1 (Bozen – Meran – Sarntal) – **1:25.000:** Tabacco, Blatt 029 (Schlern – Rosengarten – Latemar – Regglberg)

km 8,2 km | 3 ½ Std. | 655 m

Das Schlern-Rosengarten-Gebiet gehört geografisch zwar eindeutig dem Eisacktal an, aber touristisch wird es gern auch noch dem Bozner Raum zugeordnet und soll daher hier zumindest mit dem einen oder anderen Wanderziel vertreten sein.

Eines dieser Ziele ist der nur gut 1800 Meter hohe, aber sehr beliebte Tschafon, dessen eigentlicher Gipfel nach einer darunter befindlichen Örtlichkeit auch den Namen Völsegger Spitze trägt.

Der von verschiedenen Sagen umwobene und nach dem Ausweis entsprechender Funde bereits in prähistorischer Zeit vom Menschen aufgesuchte Berg kann von verschiedenen Seiten erstiegen werden. Wir wählen hier den kürzesten und beliebtesten Weg, der im innersten Tierser Tal beginnt.

Dieser Weg führt am sogenannten Wunleger vorbei, einer ausgedehnten Bergwiese mit dem Rosengarten und Latemar im Hintergrund. Danach führt der Weg durch teils dichten, teils schütteren Bergwald, in dem kleine felsige Lichtungen ab und zu freie Ausblicke gewähren.

Und dann, auf 1737 m, breitet sich plötzlich wieder eine Grasfläche vor uns aus, und zwar die große Bergwiese mit der Tschafonhütte, die meist schon im Spätfrühling ihre Tore öffnet und die Gäste unter anderem mit frischen Biosalaten vom hauseigenen Gemüsegarten verwöhnt. Die bekannte Hütte wurde 1912 von einem Franz Pattis erbaut, und damit blickt der Tschafon auf eine rund hundertjährige Schutzhüttentradition zurück.

Von der Hütte sind es dann nur noch zwanzig Gehminuten bis zum Gipfel des Tschafon, die auf einem

Blick vom Tschafon zum Rosengarten

Die Tschafonhütte über dem Tierser Tal

anfangs flachen und später mittelsteilen, aber unschwierigen Waldweg zurückgelegt werden.

Der mit einem Wetterkreuz geschmückte Gipfel ist zwar großteils bewaldet, doch ist die kleine Gipfelfläche nach Westen hin und damit auf der Seite, wo steile Felsflanken senkrecht abbrechen, baumfrei und bietet hier eine geradezu unermessliche Aussicht.

Wegverlauf: Von den Parkplätzen unweit von Weißlahnbad im innersten Tierser Tal (1179 m) der Markierung 4 A folgend zunächst auf ebenem Sträßchen zu letzten Häusern, dann auf breitem Forstweg leicht ansteigend zum erwähnten Wunleger (1402 m) und schließlich auf Weg 4 stärker ansteigend durch Wald und über felsige Blößen hinauf zur Tschafonhütte (1728 m; 1½ Std.). Von dort auf dem markierten und beschilderten Weg 9 zunächst fast eben oder nur leicht ansteigend durch den Wald westwärts und zuletzt steiler mit ein paar Kehren über felsdurchsetztes Waldgelände empor zum Kreuz auf der Völsegger Spitze (1834 m); ab Hütte 20 Minuten. – Abstieg: Über den beschriebenen Anstiegsweg in rund 1½ Std.

Zum Puntleider See 1847 m

Naturbelassener Waldsee über der Sachsenklemme

Der Puntleider See oberhalb Graßstein

Die Wanderung im Überblick: Graßstein – Puntleider Alm (Seealm) – Puntleider See – retour

Anfahrt: von Brixen im Süden oder Sterzing im Norden über die Staatsstraße zur Häusergruppe Graßstein, die etwas abseits der Hauptstraße liegt

Ausgangspunkt: Häusergruppe Graßstein im oberen Eisacktal

Orientierung und Schwierigkeit: für gehgewohnte Wanderer leicht und problemlos, teilweise aber steil

Einkehrmöglichkeiten: im Tal unweit von Graßstein in der Sachsenklemme

Beste Jahreszeit: Frühsommer – Herbst

Wanderkarten 1:50.000: Kompass, Blatt 56 (Brixen); Freytag-Berndt, Blatt S 4 (Sterzing – Jaufenpass – Brixen) – **1:25.000:** Tabacco, Blatt 037 (Hochfeiler – Pfunderer Berge) und Blatt 38 (Sterzing – Stubaier Alpen)

km 7,7 km — 4 ½ Std. — 740 m

Die Puntleider oder See-Alm am Weg zum Puntleider See

■ Zwischen Sterzing im Norden und Brixen im Süden befindet sich im Bereich der sogenannten Sachsenklemme etwas versteckt die Häusergruppe Graßstein. Und westseitig hoch über dem Weiler liegt der von Wald umrahmte Puntleider See, unser Wanderziel.

Dieser von technischen Erschließungen verschont gebliebene See wird zu Recht als einer der schönsten Südtiroler Bergseen gerühmt, und das gilt ganz besonders im Frühsommer zur Zeit der Alpenrosenblüte wie dann auch im Herbst, wenn sich der dunkelblaue Himmel und die leuchtendgelben Lärchen im Wasser spiegeln.

Im glasklarem Wasser tummeln sich blitzschnell dahinschießende Elritzenschwärme, über dem See erheben sich bizarr geformte Felsgebilde, und die Aussicht wird bestimmt von der Wilden Kreuzspitze, einen jenseits des Eisacktales in den Pfunderer Bergen aufragenden Dreitausender.

Der Aufstieg zum See führt zunächst zu einem kleinen Streuweiler, dann durch Wald hinauf zur kleinen Puntleider oder See-Alm, und schließlich in teilweise ebener Waldquerung zum See.

Er ist 230 Meter lang, 130 Meter breit und wohl an die zehn Meter tief. Lärchen, Fichten und Zirben umrahmen ihn, wo ein kleiner munterer Bach dem See das Wasser zuführt, leuchtet der helle Granitsand, und gleich daneben wiegen sich die weißen Büschel des Wollgrases im Wind.

Von der einstigen Schleuse aus Holz am Ausfluss des Sees ist heute fast nichts mehr zu sehen, aber wir wissen aus alten Aufzeichnungen, dass einst, als das Schmelzwerk in Graßstein für die umliegenden Bergbaue in Betrieb war, hier oben viel Holz geschlägert und auf dem »Wasserweg« zu Tal getriftet wurde.

Doch dies ist lange her, der See hat seine Stille und unberührte Schönheit längst zurückerlangt und ist damit nach wie vor eines der schönsten Wanderziele des Wipptals.

➡ **Wegverlauf:** Von der Häusergruppe Graßstein zwischen Mittewald und Mauls im oberen Eisacktal (846 m; unweit davon die »Sachsenklemme« mit Gastbetrieb) der Markierung 14/15 folgend hinauf zu ein paar Häusern (ca. 1170; bis zu einer Schranke auch mit dem Auto möglich, Zeitersparnis ca. ¾ Std.), bald darauf vom Forstweg rechts ab (Wegweiser), auf Fußweg 14 durch Wald steil empor zu einer Waldlichtung mit Hütte, dann weiterhin auf Weg 14 eine Forststraße mehrmals kreuzend durch die Waldhänge empor zur Puntleider oder See-Alm (1777 m), noch kurz bergan und dann in ebener Waldquerung zum Puntleider See (1847 m); ab Graßstein ca. 3 Std., ab Schranke knapp 2 ½ Std. – Abstieg: Über die Aufstiegsroute in rund 2 Std.

dolf-Munkel-Weg und Villnösser Almen

Prachtwanderung am Nordfuß der Geislerspitzen

Der Adolf-Munkel-Weg unter den Geislerspitzen

Die Wanderung im Überblick:
Ranui – Broglesalm – Munkelweg – Gampenalm – Zans – Ranui

Anfahrt: zwischen Brixen und Klausen von der Brenner-Staatsstraße abzweigend durch das Villnößtal bis Ranui

Ausgangspunkt: Waldschenke in Ranui

Orientierung und Schwierigkeit:
für Gehgewohnte mit etwas Bergerfahrung in jeder Hinsicht leicht und problemlos

Einkehrmöglichkeiten: ja

Beste Jahreszeit:
Sommer – Frühherbst

Wanderkarten 1:50.000:
Kompass, Blatt 56 (Brixen); Freytag-Berndt, Blatt S 5 (Gröden – Cortina – Marmolada) – **1:25.000:** Tabacco, Blatt 030 (Brixen)

km 18,4 km · 6 – 7 Std. · 700 m

Im Gebiet der Gampenalm und der Schlüterhütte endet der Adolf-Munkel-Weg.

■ Südseitig über dem Villnösser Talschluss ragen die berühmten Geislerspitzen auf, teils als dünne Nadeln, teils als mächtige, bis zu 3000 Meter hohe Felsgestalten. Am Nordfuß dieser Berggruppe verläuft mit dem Adolf-Munkel-Weg ein besonders schöner Höhenweg und verbindet dabei die Broglesalm im Westen mit der Gampenalm bzw. Schlüterhütte im Osten. Dieser Weg wurde um 1905 von der Alpenvereinssektion Dresden angelegt und nach Adolf Munkel, dem Gründer und langjährigen Vorstand der genannten Sektion, benannt.

Ursprünglich war der Weg vor allem als Teil der Verbindung zwischen der Raschötzhütte in Gröden und der Schlüterhütte in Villnöß gedacht, doch im Laufe der Zeit erlangte die Wegstrecke zwischen der Brogleshütte und der Gampenalm zusammen mit den entsprechenden Zugängen seine Eigenständigkeit.

Teilweise gesäumt von den farbigen Wundern der Dolomitenflora und im Anblick der überwältigenden Nordabstürze der Geislerspitzen führt der Weg bald durch prächtige Zirbenbestände, bald durch Fichten- und Lärchenwald, bald über Grasböden und Geröllhänge.

Hinzu kommt der Blick auf riesige Schuttströme und auf Interessante geologische Aufschlüsse, die den typischen Aufbau der Westlichen Dolomiten vom Urgesteinssockel bis zum gipfelbildenden Schlerndolomit zeigen, und erwähnenswert ist auch die Aussicht, die immerhin bis zu den Gletschern der Zillertaler Alpen reicht.

Wer entlang des Weges Einkehrmöglichkeit oder im Fall eines Wettersturzes ein schützendes Obdach sucht, findet dies nicht nur am Beginn und Ende des Höhenweges in den erwähnten Almhütten, sondern auch in den Almen Gschnagenhart und Glatsch, die sich zwar etwas unterhalb des Weges befinden, aber einen Abstecher dorthin schon wegen ihrer schönen Lage lohnen.

So ist es viel Abwechslung, die den Höhenweg auszeichnet. Und wem die hier beschriebene Runde nicht ausreichen sollte, kann die Tour dank zahlreicher zusätzlicher Wege beliebig weit ausdehnen und sogar mit der einen oder anderen Gipfelbesteigung verbinden.

➡ **Wegverlauf:** Von der Waldschenke etwas innerhalb von Ranui südöstlich von St. Magdalena in Villnöß (ca. 1350 m, großer Parkplatz) stets der Beschilderung »Broglesalm« folgend ein Stück talein und dann auf dem rechts abzweigenden Weg 28 (teils Güterweg, teils Fußweg) dem Broglesbach entlang durch Wald hinauf zum Beginn des Adolf-Munkel-Weges (rechts wenige Minuten höher die bewirtschaftete Brogleshütte, 2045 m); ab Waldschenke 2 Std. – Dann auf dem Munkelweg stets der entsprechenden Beschilderung folgend im Bergwald oder im Bereich der Baumgrenze teils eben, teils in mäßig steilem Auf und Ab ostwärts; später zweigen links die Wege zu den Almen Gschnagenhart und Glatsch mit ihren Gastschenken ab (Abstecher dorthin jeweils kurz und hübsch); schließlich mündet der Höhenweg in den von Ranui zur Schlüterhütte führenden Güterweg ein, und dieser führt in rund halbstündigem leichten Anstieg zur Gampenalm (2062 m; Gaststätte; ab Brogleshütte 2½ Std.). – Abstieg: Von der Gampenalm der Beschilderung »Zans« folgend durch Wiesen und Wald hinab bzw. hinaus nach Zans (1680 m, ab Gampenalm 1 Std.) und orografisch links auf dem breiten Waldweg hinaus nach Ranui; ab Gampenalm 2½ Std.

Auf die Rotwand 2806 m

Leichte Klettersteigtour im Rosengarten

Die Rotwand mit ihrer Westwand in der Rosengartengruppe

Die Tour im Überblick:
Paolinahütte – Vajolonpass – Rotwand – retour

Anfahrt: von Kardaun durch das Eggental zur Feriensiedlung Karerpass

Ausgangspunkt: Paolinahütte

Orientierung und Schwierigkeit: für trittsichere und schwindelfreie Geher bei guten Verhältnissen nicht schwierig, Bergerfahrung aber notwendig

Einkehrmöglichkeiten: ja, am Ausgangspunkt

Beste Jahreszeit: Sommer

Wanderkarten 1:50.000: Kompass, Blatt 54 (Bozen); Freytag-Berndt, Blatt S 1 (Bozen – Meran – Sarntal) und Blatt S 5 (Gröden – Cortina – Marmolada) – **1:25.000:** Tabacco, Blatt 05 (Gröden – Seiser Alm)

km 6,3 km | 4 – 5 Std. | 681 m

Der Hirzelweg, der zum eigentlichen Rotwand-Anstieg führt.

■ Die gut 2800 Meter hohe Rotwand befindet sich im südlichen Teil der Rosengartengruppe. Mit ihrer mauerglatten, bei Sonnenuntergang rot leuchtenden Westwand zeigt sie sich gegen das Eggental und den Bozner Raum hinunter als besonders auffallender Gipfel.

Aber sie ist auch ein touristisch interessanter Berg, denn so abweisend sich die besagte Felswand auch geben mag – in Kreisen erstklassiger Felskletterer hat sie freilich einen besonders klingenden Ruf –, so ist der Gipfel dennoch nicht schwierig ersteigbar. Und überdies ist der Berg aufgrund seiner freien Lage eine Aussichtswarte ersten Ranges.

Es führen zwei gesicherte Routen zum Gipfel und daher ist er von jedem etwas klettersteiggeübten, schwindelfreien und trittsicheren Berggeher ohne Probleme begehbar. Zudem hält sich die zu bewältigende Höhenleistung in Grenzen, da der Ausgangspunkt, die gut 2100 Meter hoch gelegene Paolinahütte, bequem mit dem Sessellift erreicht werden kann.

Bei Bergsteigern, die sich die Begehung eines unbekannten Klettersteiges im Abstieg zutrauen, ist die Überschreitung des Berges mit dem Abstieg über die Südostseite zur Rotwandhütte und der anschlie-

Der nordseitige Klettersteig auf die Eggentaler Rotwand

ßenden Umrundung der südlichen Rosengartengruppe beliebt, eine landschaftlich prächtige, allerdings auch etwas anspruchsvollere Tour.

Für nicht ganz so bergtüchtige Geher schlage ich hier hingegen den Abstieg über die bereits vertraute Aufstiegsroute vor, zumal diese leichter ist als die Südostroute und die Besteigung der Rotwand auch ohne die Überschreitung ein prachtvolles Bergerlebnis bietet – handelt es sich doch um einen der markantesten, schönsten und unverwechselbarsten Gipfel der gesamten Dolomiten.

Das Gipfelkreuz auf der Rotwand

➡ **Wegverlauf:** Von der Hotel- und Feriensiedlung Karersee westlich des Karer Passes (1600 m) mit dem Sessellift hinauf zur Paolinahütte (2125 m). Von da auf dem zur Kölner Hütte führenden Höhenweg (Markierung 539) die Steilhänge querend nahezu eben nordwärts, bis bei entsprechendem Wegweiser der zum Vajolonpass führende Steig rechts abzweigt. Auf diesem nun über Geröll und durch eine Schlucht (hier eine problemlos ersteigbare Eisenleiter) in Serpentinen unschwierig empor zum schmalen Vajolonpass (2560 m; ab Paolinahütte 1½ Std.) und dann rechts, südwärts, stets den fixen Stahlseilen folgend teilweise steil und etwas ausgesetzt, aber nicht schwierig und ohne Orientierungsprobleme in ca. ¾ Stunde empor zum Gipfelkreuz (2806 m); ab Paolinahütte 2½ Std. – Der Abstieg erfolgt am sichersten und kürzesten über die beschriebene Aufstiegsroute in ca. 1½ Std.

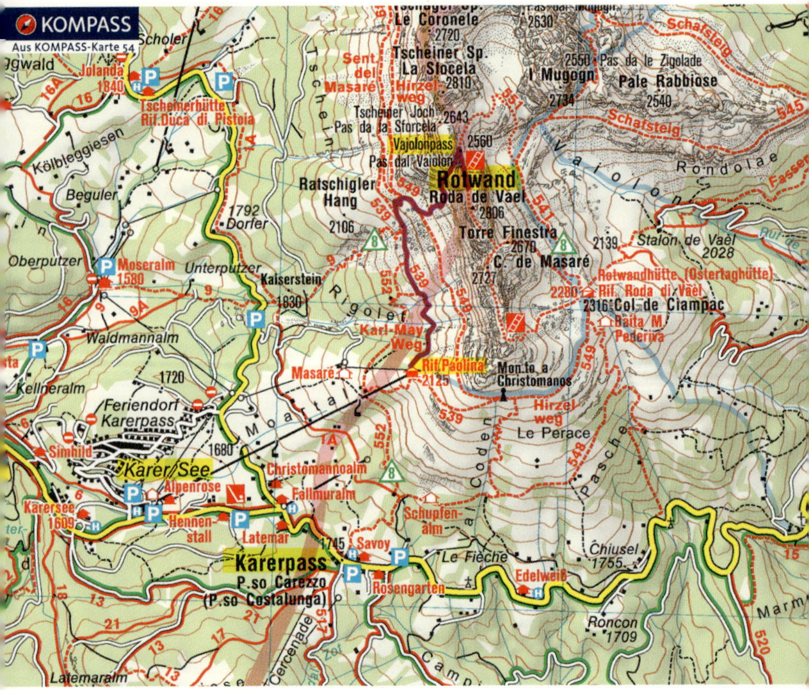

Zur Kasseler Hütte 2276 m

Im Herzen der Rieserfernergruppe

Die Kasseler Hütte unter dem Hochgall

Die Tour im Überblick:
Rein – Kasseler Hütte – retour

Anfahrt: Bruneck – Sand in Taufers – Rein

Ausgangspunkt: Rein

Orientierung und Schwierigkeit: für gehgewohnte Wanderer leicht und problemlos

Einkehrmöglichkeit: ja

Beste Jahreszeit: Sommer

Wanderkarten 1:50.000: Kompass, Blatt 82 (Taufers – Ahrntal); Freytag-Berndt, Blatt S 3 (Pustertal – Bruneck – Drei Zinnen) – **1:25.000:** Tabacco, Blatt 035 (Ahrntal – Rieserfernergruppe)

km 8,7 km — 4 ½ Std. — 740 m

Wasserfall am Weg zur Kasseler Hütte

■ Schon der Blick von Rein nach Südosten verrät es: Die Kasseler Hütte steht hoch oben inmitten einer grünen Bergheide unter den Gletschern und Hochgipfeln der Rieserfrernergruppe im gleichnamigen Naturpark.

Dabei ist es vor allem die mächtige Fels- und Eisgestalt des Hochgalls, der das Schutzhaus überragt und es zu einer der schönstgelegen alpinen Unterkünfte weitum macht.

Entlang des Aufstiegsweges zur Schutzhütte ist die Landschaft von viel Abwechslung geprägt. So durchqueren wir Lärchenwälder und Zirbenbestände, es geht an Wasserfällen vorbei, dann kommen ein paar kleine Almen unweit des Weges, und zuletzt begleitet uns bis zur Hütte hinauf die Krummholz- und Zwergstrauchzone.

Die Baumgrenze liegt aber dennoch höher als das Schutzhaus; denn am nahen Tristennöckl, einem fast 2500 m hohen Felszahn, der sich über der Hütte erhebt, behauptet sich der höchste Zirbenbestand der ganzen Ostalpen.

Und schließlich gehören zur landschaftlichen Vielfalt auch noch die rund eine Gehstunde höher inmitten grüner Matten liegenden Malerseen, ein hübsches, von der Hütte auf gut markiertem Steig erreichbares Wanderziel.

Es war neben alpintouristischen Überlegungen wohl zweifellos auch diese großartige Berglandschaft, welche die Sektion Taufers des Deutschen und Österreichischen Alpenvereins bewog, hier bereits 1878 eine erste hochalpine Unterkunft zu errichten, die dann 1895 von der Sektion Kassel des genannten Alpenvereins durch die heutige Hütte ersetzt wurde.

Und die stellt nach wie vor einen wichtigen Stützpunkt für die Besteigung der umliegenden Hochgipfel und für die Begehung des Hartdegen-Höhenweges dar. Aber für uns ist sie, wie eingangs gesagt, ein besonders schön gelegenes Wanderziel.

Wegverlauf: Vom breiten Talboden unter dem Dorf Rein (1536 m; hierher Straße von Sand in Taufers herein) der Markierung 1 folgend auf gutem, schattigem Waldweg großteils mittelsteil hinauf, dann teilweise nur leicht ansteigend oder gar eben an einem Wasserfall, an der Terner Alm und an der Eppacher Alm vorbei und schließlich über freie Hänge hinauf zur weithin sichtbaren Kasseler Hütte (2276 m; Sommerbewirtschaftung); ab Rein 2 ½ Std. – Abstieg: Über die beschriebene Aufstiegsroute in knapp 2 Std.

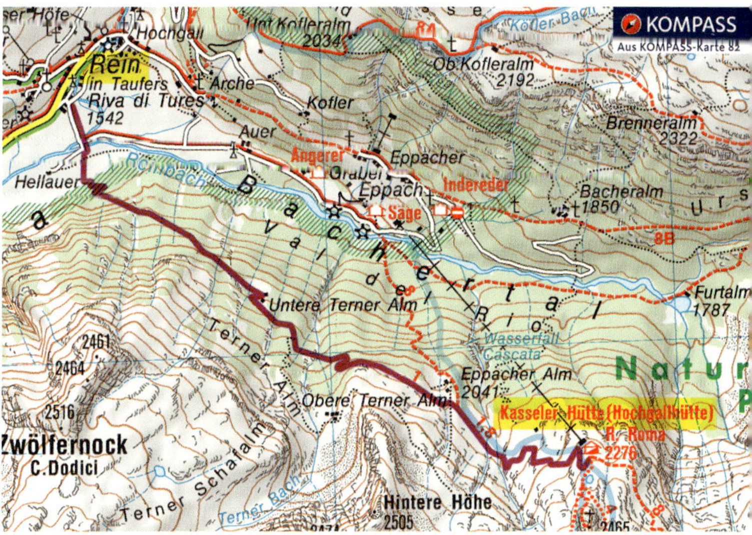

Angerer- und Lanzwiesenalm 1823 m

Wanderziele bei Olang mit Einkehrmöglichkeit

Die Olanger Dolomiten von der Lanzwiesenalm aus

Die Wanderung im Überblick: Olang – Angereralm – Lanzwiesenalm – retour

Anfahrt: von Bruneck im Westen oder Innichen im Osten nach Olang und über Oberolang in Richtung Riedlerhöfe

Ausgangspunkt: Parkplatz Nähe Riedlerhöfe

Orientierung und Schwierigkeit: für etwas gehgewohnte Wanderer leicht und problemlos

Einkehrmöglichkeiten: ja

Beste Jahreszeit: Sommer – Frühherbst

Wanderkarten 1:50.000: Kompass, Blatt 57 (Bruneck – Toblach); Freytag-Berndt, Blatt S 3 (Pustertal – Bruneck – Drei Zinnen) – **1:25.000:** Tabacco, Blatt 031 (Pragser Dolomiten – Enneberg)

km 8 km | 3 ½ Std. | 663 m

■ Blickt man von der Olanger Weitung gegen Süden, ziehen vor allem die markanten Felsgestalten der sogenannten Olanger Dolomiten den Blick auf sich. Doch diesen ist jene zwar viel niedrigere, aber doch das Landschaftsbild stark mitprägende Waldkuppe vorgelagert, die den Namen Lanzwiesenkopf trägt.

Dieser ausgedehnte Waldhügel ist das Ziel unserer Wanderung, oder genauer gesagt, die in die Waldungen des Hügels eingestreuten Almen sind es, zwei hübsche Rodungen mit ihren Hütten.

Wir beginnen die Wanderung unweit von Oberolang. Zunächst geht es an den Riedlerhöfen vorbei, wo uns schon gleich der schöne Bergwald des Lanzwiesenkopfes aufnimmt. Doch wir steigen nicht lange den Berg hinan, da öffnet sich schon die erste der beiden Almlichtungen: die schöne große, rundherum von Wald umrahmte Wiese der Angereralm, an deren oberem Rand sich die Almgaststätte befindet und zu einer ersten Rast einlädt, auch wenn man hier noch nicht gerade müde sein dürfte.

Dann freilich steigen wir weiter durch den Wald bergauf, denn unser Ziel liegt höher oben, ja eigentlich schon nahe dem bewaldeten Kulminationspunkt der Erhebung. Dort befindet sich nämlich an der leicht geneigten Südabdachung, die zu einem flachen Sattel absinkt, die ziemlich große Rodung der Lanzwiesenalm mit ihren Hütten.

Auf das schöne, von der Sonne beschienene Almgelände grüßen die senkrechten Felsen des Flatschkofels und des Maurerkopfes herunter, zwei markante Gipfel der erwähnten Olanger Dolomiten, um die sich so manche alte Volksüberlieferung rankt.

Die Lanzwiesenalm oberhalb Olang

So erzählten die Alten von einem verborgen Schatz, der da oben »blühte«. Als sich einmal ein Hirtenmädchen von der Lanzwiesenalm da hinauf verirrte, sah es plötzlich eine weiß gekleidete, auf einer großen goldenen Glocke sitzende Frau. Diese bat das Mädchen, sie zu erlösen und sie versprach ihm dafür reichen Lohn. Doch das Mädelchen vermochte die gestellte Aufgabe nicht zu lösen und die Frau verschwand weinend im Berg.

Auf der ausgedehnten Lanzwiese weidet nach wie vor allsommerlich das Vieh, und da sich hier nicht nur die eigentliche Alm befindet, sondern auch eine Einkehrstätte, zieht der Lanzwiesenkopf viele Wanderer an und belohnt sie mit dem Prachtblick zu den sagenumwobenen Felsgestalten.

Wegverlauf: Anfahrt von Oberolang auf Höfezufahrt bis zu kleinem Parkplatz unterhalb der Riedlerhöfe (ca. 1160 m). Von da nun der Markierung 6 A folgend auf mittelsteilem Fußweg in ½ Std. durch Wald hinauf zur Angereralm (1401 m, Ausschank) und auf dem Fußweg 6 A weiter durchweg etwas steil und mehrmals breite Forstwege querend durch Wald empor; in 1680 m Höhe mündet unser Pfad in den von Mitterolang heraufkommenden Weg 6 ein, und dieser bringt uns weiterhin im Wald hinauf zur Lanzwiese mit ihren Almgebäuden (1823 m; Gaststätte); ab Ausgangspunkt knapp 2 Std. – Abstieg: Über den beschriebenen Aufstiegsweg in 1½ Std.

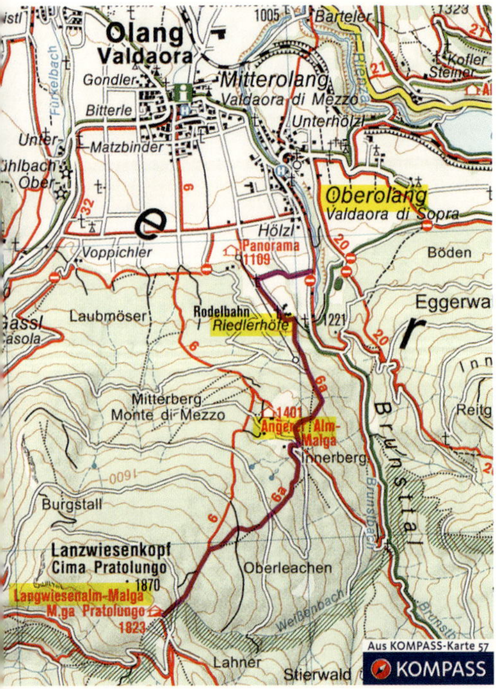

Auf den Piz Boè 3152 m

Von Corvara über den Crep de Mont zum begehrten Gipfel

Der Piz Boè von unserem Aufstieg aus; im Hintergrund die Marmolata

Die Tour im Überblick:
Corvara – Crep de Mont – Franz-Kostner-Hütte – Piz Boè – retour

Anfahrt: durch das Gadertal nach Corvara

Ausgangspunkt: Corvara

Einkehrmöglichkeiten: nahe dem Ausgangspunkt und am Ziel

Beste Jahreszeit:
Sommer – Frühherbst

Orientierung und Schwierigkeit: für hochgebirgserfahrene, trittsichere und schwindelfreie Alpinisten bei optimalen Verhältnissen nicht schwierig; Klettersteigausrüstung nicht unbedingt notwendig

Wanderkarten 1:50.000:
Kompass, Blatt 59 (Sellagruppe); Freytag-Berndt, Blatt S 5 (Cortina – Marmolada – St. Ulrich) – **1:25.000:** Tabacco, Blatt 07 (Alta Badia – Arabba – Marmolada)

km 7,4 km | 4 – 5 Std. | 690 m

■ Der Piz Boè (oder Piz Boë), auf dessen Gipfel eine Schutzhütte und ein großer Telefonreflektor stehen, ist einer der höchsten und bekanntesten Berge der Dolomiten. Der Gipfelaufbau entragt dem Sellastock als mächtige, alle umliegenden Gipfel überragende Pyramide.

Bereits 1864 erfolgte die erste schriftlich belegte Besteigung durch den berühmten Wiener Dolomitenerschließer Paul Grohmann, und der Berg ist trotz der erwähnten Baulichkeiten auf dem Gipfel nach wie vor ein überaus begehrtes Tourenziel. Zu dieser Beliebtheit trägt heute allerdings auch bei, dass da und dort Bergbahnen zur Höhe führen und sich dadurch die zu bewältigende Anstiegsleistung in Grenzen hält.

Für unsere Besteigung wählen wir Corvara als Talort. Von dort schweben wir mit der Umlaufbahn zum Crep de Mont und mit dem Sessellift weiter bis in 2550 Meter Höhe, wo, unweit der Franz-Kostner-Hütte, unser eigentlicher Aufstieg beginnt.

Wir folgen dem sogenannten Lichtenfelser Weg, der als einer der schönsten Anstiege auf den Piz Boè gilt. Schon bald geht es über einen gesicherten, nicht schwierigen Klettersteig über gestufte Felsen hinauf in leichteres Gelände, dann überschreiten wir die 3009 Meter hohe Eisseespitze (Piz Lech Dlace), einen Vorgipfel des Piz Boè, und von dort ist es nicht mehr allzu weit zum höchsten Punkt.

Aufstieg zum Piz Boè über den Lichtenfelser Weg

Hier bietet die erwähnte Schutzhütte seit dem Jahr 1969 Einkehrmöglichkeit, und man genießt einen grandiosen Panoramablick über die Dolomiten und weit darüber hinaus.

Wegverlauf: Von Corvara (1555 m) mit der Umlaufbahn hinauf zum Crep de Mont (2152 m) und mit dem Sessellift weiter zum Valun (Vallon, ca. 2550 m). Von dort mit kurzem Ab- und Aufstieg hinüber zu Weggabel nahe der Franz-Kostner-Hütte (2500 m, Sommerbewirtschaftung), auf Weg 638 kurz hinan zu weiterer Weggabel, nun rechts auf dem »Lichtenfelser Weg« mit Markierung 672 über Geröll zu einem steilen Felsgürtel, über diesen hinauf (gute Sicherungen) und dann wieder über Geröll auf dem markierten Steig empor zur Eisseespitze (Piz Lech Dlace, 3009 m); von da kurz hinab in eine Gratsenke (ca. 2975 m), über Blockwerk hinauf zur Graterhebung der Cresta Strenta (Hahnenkamm; ca. 3120 m), nun teils südseitig (kurzes Stahlseil), teils nordseitig zur Jägerscharte (Forcela dai Ciamorces, 3110 m) und kurz weiter zum Gipfel des Piz Boè (3152 m, hier die Fassahütte mit Sommerbewirtschaftung; ab Ausgangspunkt 2 ½ Std.). – Abstieg: am sichersten über die beschriebene Aufstiegsroute (knapp 2 Std.).

Masebenalm und Tiergartenspitze 3068 m

Leichte Dreitausendertour in Langtaufers

Auf den Hochweiden der Masebenalm, gegen Karlesspitze und Weißseespitze

Die Wanderung im Überblick: Hinterkirch – Gaststätte Atlantis auf Maseben – Tiergartenspitze – retour

Anfahrt: von Graun am Reschensee ostwärts durch das Langtauferer Tal nach Hinterkirch

Ausgangspunkt: Hinterkirch bzw. Gasthaus Atlantis

Orientierung und Schwierigkeit: für gehgewohnte Bergwanderer bei gutem Wetter leicht und problemlos

Einkehrmöglichkeiten: ja

Beste Jahreszeit: Sommer – Frühherbst

Wanderkarten 1:50.000: Kompass, Blatt 52 (Vinschgau); Freytag-Berndt, Blatt S 2 (Vinschgau – Ötztaler Alpen) – **1:25.000:** Tabacco, Blatt 043 (Vinschgauer Oberland)

km 5,4 km | 4 Std. | 801 m

■ Dies ist eine Tour, die uns auf einen markanten, aber dennoch leicht zu besteigenden Dreitausender führt. Dieser Hochgipfel, die Tiergartenspitze auf der Südseite des Langtauferer Tales, ragt als formschöne Pyramide frei auf und gehört damit zu den besonders einladenden Vinschgauer Berggipfeln.

Der Aufstieg ist nicht nur unschwierig, sondern auch nicht allzu lang. Denn von Hinterkirch im inneren Langtauferer Tal bis hinauf zur Berggaststätte Atlantis im Weidegebiet der Masebenalm führt ein Sessellift, der uns bequem bis in eine Höhe von fast 2300 Meter bringt – ein erfreulich hoch gelegener Ausgangspunkt.

Bis zum Gipfel der Tiergartenspitze bleiben uns dann nur knappe zweieinhalb Gehstunden zu bewältigen – gemessen daran, dass unser Berg immerhin fast 3070 Meter hoch ist, keine übermäßige Kraftanstrengung.

Die Tour darf sich somit jeder einigermaßen bergtüchtige Wanderer zutrauen, und dies umso mehr, als bei guter Sicht auch keine Orientierungsprobleme bestehen. Denn die Aufstiegsroute – großteils ein ausgeprägter Fußpfad – ist bis zum Gipfel markiert und führt über freies Alm- und Berggelände.

Die Aussicht, die der Gipfel dank seiner Höhe und freien Lage schenkt, umfasst auf der einen Seite zahllose Schweizer und Vorarlberger Gipfel, im Süden reihen sich die Eishäupter der Ortlergruppe

Das Gipfelkreuz auf der Tiergartenspitze, im Hintergrund die Weißkugel

Murmeltier am Weg zur Tiergartenspitze

aneinander, und in der Nähe haben wir die Langtauferer Hochgebirgswelt und damit die westlichen Ötztaler Alpen vor uns mit so bekannten Namen wie Weißkugel und Weißseespitze.

Wer nicht zu spät am Tag unterwegs ist, findet unterwegs aber sicher auch noch die Zeit, sich der Beobachtung der Bewohner dieses »Tiergartens« zu widmen, den drolligen Murmeltieren vielleicht, dem majestätischen Steinadler oder den eleganten Gämsen.

Wegverlauf: Vom Weiler Hinterkirch im inneren Langtauferer Tal zunächst mit dem Sessellift (Talstation unweit der weithin sichtbaren Kirche etwas unterhalb der Straße) hinauf zur Berggaststätte Atlantis im Weidegebiet der Masebenalm (2267 m). Hier dem Wegweiser »Tiergarten« und der Markierung 19 folgend über steiniges Grasgelände und über einen grasbewachsenen alten Moränenwall gerade aufwärts, dann am westseitigen Grashang (hier beginnen deutlichere Steigspuren) und über Blockwerk gerade hinauf zu einer flachen Bergmulde (rechts kurzer Abstecher zum Schwarzkopf, 3002 m, lohnend) und auf dem ausgeprägten markierten Bergsteig über steiles Blockwerk empor zum Gipfel der Tiergartenspitze (3068 m); ab Sessellift 2 ½ Std. – Der Abstieg (ca. 1 ½ Std.) erfolgt über die beschriebene Aufstiegsroute.

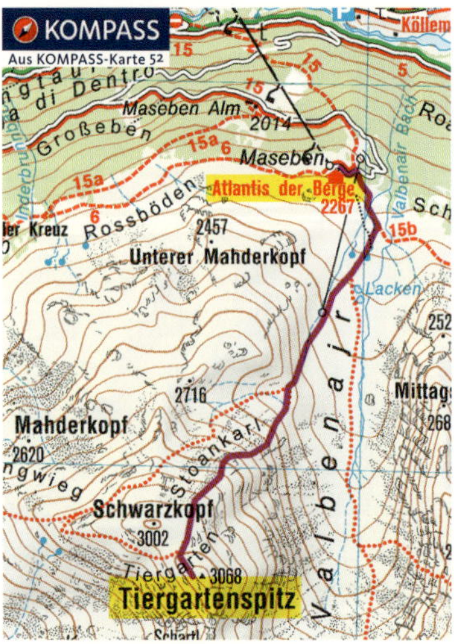

Gelbsee und Grünsee 2729 m

Einsames Tourenziel im Martelltal

Der Gelbsee im Martelltal

Die Wanderung im Überblick: Martelltal Gelb- und Grünsee – retour

Anfahrt: im Bereich von Latsch/Goldrain die Vinschgauer Talstraße verlassend südseitig hinein ins Martelltal und durch dieses bis zum Gasthof »Zum See«

Ausgangspunkt: Gasthof »Zum See«

Orientierung und Schwierigkeit: für berg- und gehgewohnte Wanderer leicht und problemlos

Einkehrmöglichkeiten: am Ausgangspunkt

Beste Jahreszeit: Sommer – Frühherbst

Wanderkarten 1:50.000: Kompass, Blatt 72 (Ortler – Cevedale); Freytag-Berndt, Blatt S 6 (Ortlergruppe – Martell – Val di Sole) – **1:25.000:** Tabacco, Blatt 045 (Ortlergebiet)

km 10,7 km | ca. 5 Std. | 865 m

Der Grünsee unweit des Gelbsees

■ Die beiden Marteller Bergseen, die als Gelbsee und Grünsee bekannt sind, befinden sich ziemlich hoch oben im Moränengelände der bekannten Zufrittspitze und ihrer Trabanten.

Die Tour zu den Seen, bei der wir zur Gänze einem gut markierten Steig folgen können, beginnt beim Gasthaus »Zum See« am hinteren Ende des Zufritt-Stausees. Von dort wandern wir einige Zeit durch den Wald talaus, dann geht es hinauf zur Baumgrenze, und über Grashänge und Bergheiden mit vielen Zwergwacholderbüschen führt der gute Steig hinauf zum Gelbsee.

Das stattliche, von blütengespicktem Blockwerk umgebene Gewässer, das nach Westen eine schöne Aussicht zu den Hochgipfeln zwischen Martell und Sulden bietet, trägt seinen seltenen Namen nicht zu Unrecht. Denn es weist aufgrund der sogenannten Trübe des unterirdisch zufließenden Gletscherwassers tatsächlich eine gelbliche oder gelblichgrüne Färbung auf.

Hinter dem Gelbsee baut sich eine wuchtige Moräne auf, die den Blick auf den hinter ihr liegenden zweiten See verwehrt. Um auch ihn kennenzulernen, ersteigen wir also die Moräne, und da blicken wir nun auf sie beide, auf den gelblichen auf der einen und den smaragdgrünen auf der anderen Seite.

Dieses einzigartige Seenpaar und die umliegende Bergwelt mit ihren vergletscherten Hochgipfeln hat zu Beginn des vorigen Jahrhunderts die Alpenvereinsleute der Sektion Dortmund so beeindruckt, dass sie hier mit dem Bau einer Schutzhütte begannen. Doch der Ausbruch des Ersten Weltkrieges brachte die Arbeiten zum Stillstand, und danach wurde die Idee des Hüttenbaus nie wieder aufgegriffen.

So ist das Gebiet das stille Bergreich geblieben, das es immer schon war, das Reich bizarr geformter und gefärbter Felsen, das Reich der Gämsen und Murmeltiere und Bergblumen und das Reich zweier faszinierender Moränenseen.

Gelbe Hauswurz, eine der vielen Blumen am Weg zum Gelb- und Grünsee

Wegverlauf: Vom Gasthaus Zum See im inneren Martelltal (1864 m; Parkplätze) stets der Markierung 17 folgend zuerst auf schmaler Teerstraße ganz leicht abwärts talaus, dann auf Fußweg durch Wald ca. ½ Std. eben weiter und kurz hinauf zu zwei Stegen über den Zufrittbach; danach hinauf zur Waldgrenze (stets Steig 17) und über Bergheidehänge teils fast eben, größerenteils aber in mittelsteilen Serpentinen hinauf zum Gelbsee (2729 m); ab Ausgangspunkt knapp 3 Std. – Der Grünsee versteckt sich hinter einer Moräne und ist durch Überschreiten derselben weglos, aber unschwierig zu erreichen. – Abstieg: wie Aufstieg (2 – 2 ½ Std.).

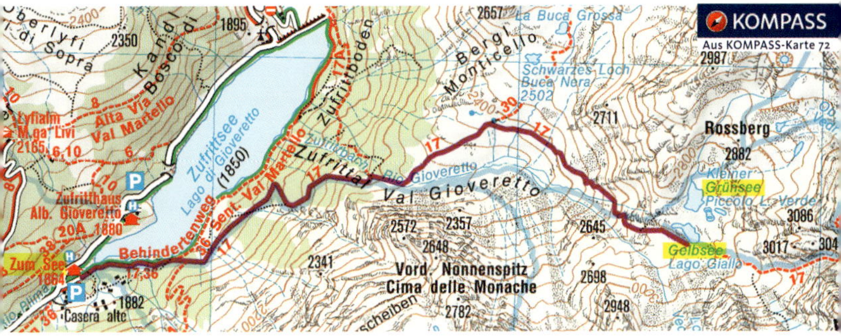

Wanderung zu den Almen von Stuls

Auf der Sonnenseite des inneren Passeiertals

Egger-Grub-Alm und Hochalm unter dem Massiv der Hohen Kreuzspitze hoch über Stuls

Die Wanderung im Überblick: Stuls – Egghöfe – Egger-Grub-Alm – Hochalm – retour

Anfahrt: von St. Leonhard in Passeier nach Moos und hinauf nach Stuls

Ausgangspunkt: Stuls

Orientierung und Schwierigkeit: für gehgewohnte Wanderer leicht und problemlos

Einkehrmöglichkeiten: ja

Beste Jahreszeit: Sommer bis Frühherbst

Wanderkarten 1:50.000: Kompass, Blatt 44 (Sterzing); Freytag-Berndt, Blatt S 8 (Passeier – Timmelsjoch – Jaufen) – **1:25.000:** Tabacco, Blatt 039 (Passeiertal)

km 9,1 km — 4 ½ Std. — 860 m

■ Dies ist eine relativ lange, aber in jeder Hinsicht unschwierige Wanderung im hinteren Passeiertal, wobei das sonnige Höhendorf Stuls, dessen Kirche, Häuser und Gastbetriebe wie auf einem Balkon hoch über dem Tal liegen und gerade hinein ins Pfelderer Tal und hinaus bis ins Etschtal schauen, den Ausgangspunkt bildet.

Die besonders aussichtsreich gelegene Hochalm oberhalb der Egger-Grub-Alm

Sofern wir nicht einen steilen Fußpfad einschlagen, führt uns eine geteerte Höfe- und Almzufahrt zuerst durch Wald hinauf zum Weiler Eggen mit Gasthaus und dann in ein paar bequemen Kehren hinauf zur stattlichen Egger-Grub-Alm (oder Eggergrubalm), deren Name vom Eggerhof unten in Stuls und von einem längst abgekommenen, aber im Steuerkataster von 1777 noch verzeichneten Grubhof stammt.

Diese Alm ist aber keineswegs die einzige oder gar höchstgelegene unter dem bleichen Bergaufbau der Hohen Kreuzspitze. Denn rund 200 Höhenmeter weiter oben liegt eine Hochalm, die »Hochalm« heißt und diesem Namen alle Ehre macht. Sie ist auf einem landschaftlich schönen Fußweg gut erreichbar, und trotz der Höhenlage von immerhin 2174 Metern bietet auch diese Hütte Einkehrmöglichkeit.

Darüber hinaus genießt man hier eine Aussicht, die fast den gesamten Sarntaler Westkamm, die nordöstliche Hälfte der Texelgruppe und einen Teil des Ötztaler Hauptkammes umfasst.

So ist hier im Gebiet von Stuls für jeden Wandergeschmack etwas dabei und man kann bis zur Hochalm ansteigen oder aber auch nur die Egger-Grub-Alm als Wanderziel anpeilen. Und im unteren Teil kann man den eingangs erwähnten, allerdings recht steilen und schmalen »Stuller Waldweg« einschlagen, um das Höfesträßchen zwischen Stuls und Eggen zu umgehen.

Wie immer man sich entscheidet, die Wanderung führt in eine abwechslungsreiche Landschaft. Helle Wiesenrodungen mit Berghöfen, die schon im Hochmittelalter bestanden, wechseln mit dunkelgrünem Fichtenwald ab, freundliche Lärchenbestände mit hohen Almen, und immer wieder bietet sich eine großartige Aussicht. Und fast senkrecht über uns erhebt sich das erwähnte, aus weißem Marmor aufgebaute Massiv der Hohen Kreuzspitze.

Wegverlauf: Von Stuls (1315 m, die Zufahrtsstraße zweigt oberhalb Moos von der Timmelsjochstraße ab) der Markierung 14 folgend auf einem Höfesträßchen zuerst an einigen Häusern vorbei und dann durch die Waldhänge nur mäßig ansteigend westwärts hinauf gegen das Gehöft Untereggen (Gasthaus), weiter zu den Hochegghöfen (1640 m, ab Stuls gut 1 Std.; bis hierher evtl. auch mit dem Kfz) und von da auf dem Almsträßchen (Fahrverbot) in Kehren durch Wald hinauf zur Baumgrenze und zur Egger-Grub-Alm (1929 m; ab Stuls ca. 2 Std.); und von dort auf markiertem Fußweg durch Wiesen in ¾ Std. weiter empor zur Hochalm (2174 m), wo ebenfalls ausgeschenkt wird. – Der Abstieg erfolgt auf dem Anstiegsweg (ein Stück unterhalb der Egger-Grub-Alm kann auch der vom Hauptweg abzweigende, beschilderte und markierte »Stuller Waldweg« eingeschlagen werden, der im unteren Teil allerdings schmal und steil ist).

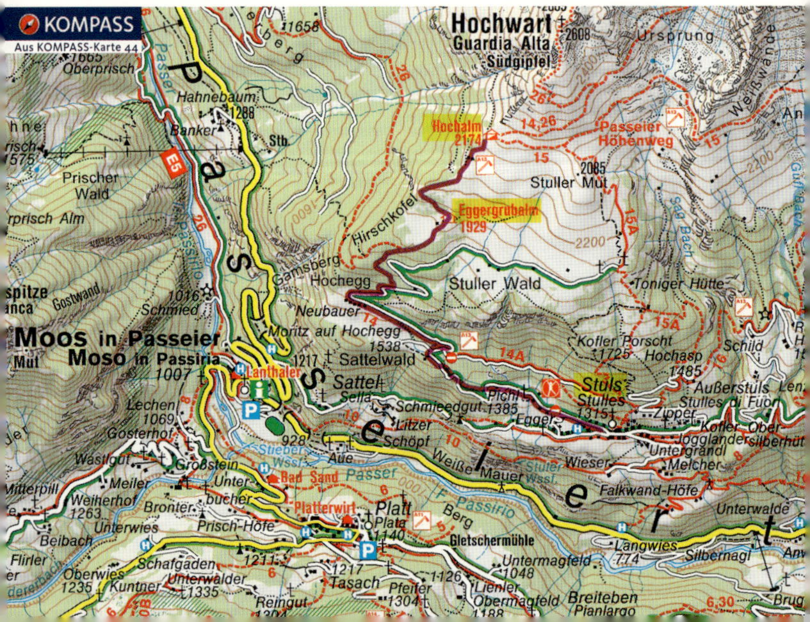

Von Margreid zum Fennberg 1050 m

See und Höhensiedlung bei der Salurner Klause

Der Fennberger See mit der Leonhardskirche unter der Viggerspitze

Die Wanderung im Überblick: Margreid – Fennberg – retour

Anfahrt: über die Südtiroler Weinstraße nach Margreid

Ausgangspunkt: Margreid

Orientierung und Schwierigkeit: für gehgewohnte Wanderer unschwierig, gutes Schuhwerk aber wichtig!

Besonderer Hinweis: wer kein erfahrener Klettersteiggeher mit der entsprechenden Ausrüstung ist, lasse sich nicht verleiten, den Fennberger Klettersteig als Auf- oder Abstiegsalternative zum beschriebenen Weg zu wählen!

Einkehrmöglichkeiten: ja

Beste Jahreszeit: Frühjahr – Herbst

Wanderkarten 1:50.000: Kompass, Blatt 74 (Tramin – Cavalese); Freytag-Berndt, Blatt S7 (Überetsch – Kalterer See – Südtiroler Unterland) – **1:25.000:** Tabacco, Blatt 049 (Südtiroler Weinstraße)

12,7 km | 4 – 5 Std. | 820 m

■ Rund 800 Höhenmeter über dem bekannten Weindorf Margreid und damit westseitig über dem Etschtal befindet sich eine ziemlich ausgedehnte, zweistufige Hangterrasse. Dieses Gebiet trägt den Namen Fennberg. Das alte Wort »Fenn« bedeutet so viel wie Sumpf, und dieser Bedeutung macht der Fennberg alle Ehre.

Auf Oberfennberg, der oberen Geländestufe, befindet sich nahe der kleinen Ulmburg ein ausgedehntes Moor, und auf Unterfennberg haben wir den von Schilf und Sümpfen umgebenen Fennberger See, ein besonders idyllisches Gewässer, das unser eigentliches Wanderziel darstellt. Ein paar Höfe liegen hier in der weitgehend naturbelassenen Umgebung, dazu zwei Gasthäuser sowie die schöne romanische Leonhardskirche, die unweit des Sees eine Anhöhe krönt.

Urrebe in Margreid, dem Ausgangsort unserer Wanderung

So bildet der Unterfennberg aufgrund der landschaftlichen Schönheit und Eigenart ein beliebtes Wanderziel, wobei sich für den in Margreid beginnenden Aufstieg zwei Möglichkeiten anbieten, einmal der Fennberger Klettersteig und zum anderen jener Weg, der den Bergweiler seit vielen Jahrhunderten mit dem bekannten Weindorf Margreid verbindet.

Absolut trittsicheren, schwindelfreien und klettersteigerfahrenen Bergsteigern kann die an den ausgesetzten und teilweise senkrechten Felswänden mit fixen Seilen und Leitern versehene, rund drei Kilometer südlich von Margreid beginnende, knapp dreistündige Route empfohlen werden.

Für den Durchschnittswanderer wird hier aber der »Normalweg« beschrieben, der direkt in Margreid beginnt und unser Ziel sicher und ohne Zuhilfenahme der Hände erreichen lässt.

Im unteren Teil führt dieser hier leider geteerte Weg durch aussichtsreiche Rebhänge, dann überquert er das wildromantische Wald- und Felsental des Fennberger Baches, wo eine helle Felswand noch an einen gewaltigen, vor einigen Jahrzehnten erfolgten Felssturz erinnert, und schließlich geht es durch prächtige Buchenwälder hinauf zum Ziel.

Reben und Zypressen im unteren Teil des Fennberger Weges

➡ **Wegverlauf:** Von Margreid im Südtiroler Unterland (226 m) stets der Markierung 3 folgend auf geteertem Flurweg in einer weit ausholenden Schleife durch Rebgelände hinauf zum Wald, nun stets auf dem breiten Güterweg durch bewaldete, teilweise felsdurchsetzte Hänge hinauf und hinein in den tief eingeschnittenen Graben des Fennberger Baches (dort gute Brücke), weiterhin auf dem breiten Güterweg (und kurz auf dem erhalten gebliebenen alten Fußweg; stets Markierung 3) durch die Waldhänge empor zu den ersten Häusern von Unterfennberg mit dem Annakirchlein und über die Hochfläche auf Höfezufahrt hinüber zu den Gasthäusern und zum Seebecken mit der Kirche (ca. 1050 m); ab Margreid 2½ – 3 Std. Empfohlener Abstieg: über den beschriebenen Aufstiegsweg (ca. 1½ Std.).

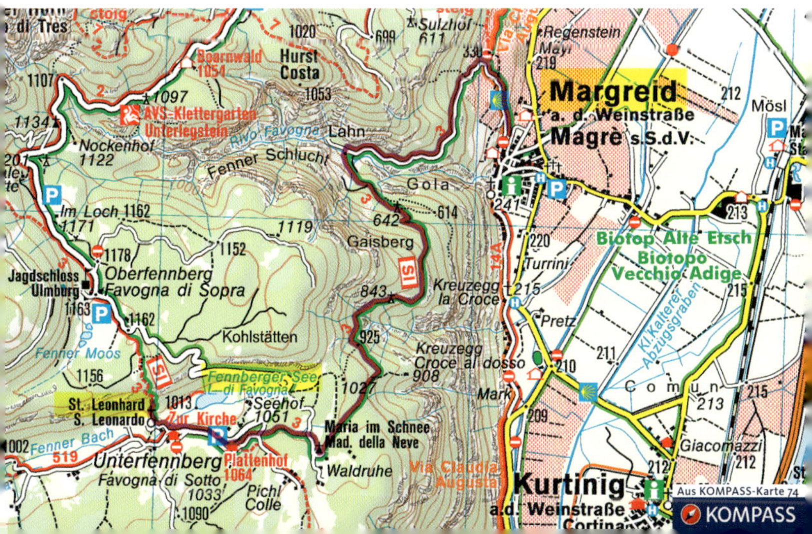

23

Der Ziroger Höhenweg

Vom Hühnerspiel bei Gossensaß zum Brennergebiet

Der teilweise nur schmale Ziroger Höhenweg

Die Wanderung im Überblick:
Gossensaß – Hühnerspielhütte – Zirog – Enzianhütte – Brenner

Anfahrt: von Nord oder Süd über die Brenner-Staatsstraße nach Gossensaß

Ausgangspunkt: Gossensaß

Orientierung und Schwierigkeit: für ausdauernde Wanderer leicht und problemlos

Einkehrmöglichkeiten:
Enzianhütte, siehe S. 167

Beste Jahreszeit:
Sommer – Herbst

Wanderkarten 1:50.000:
Kompass, Blatt 44 (Sterzing); Freytag-Berndt, Blatt S 4 (Sterzing – Jaufenpass – Brixen) – **1:25.000:** Tabacco, Blatt 038 (Sterzing – Stubaier Alpen)

km 16 km | 6 – 7 Std. | 823 m

■ An den Hängen, die sich zwischen Gossensaß und Brenner ostseitig hinziehen, liegen im Bereich der Waldgrenze mehrere Almen, und zwischen diesen verläuft jene markierte Wanderroute, die man nach der bedeutendsten Alm entlang des Weges »Ziroger Höhenweg« nennt. Der Pfad führt teils eben, teils in mehrmaligem Auf und Ab großteils durch Waldhänge, aber auch über die freien Rodungen der Almen mit freien Ausblicken zu den Stubaier Alpen und zu den Bergen des Innsbrucker Raumes.

Um den Beginn des Höhenweges zu erreichen, wandern wir von Gossensaß durch Wald hinauf zur aussichtsreichen Hühnerspielhütte, die im Bereich der Baumgrenze auf der gleichnamigen Alm liegt und auf lange Schutzhüttentradition zurückblickt.

Von dort führt unsere Route zunächst durch das felsige Bärenloch zur aufgelassenen oberen Daxalm, dann unter senkrechten Felswänden und uralten Lärchen durch zum Hubertusplatz, einer Waldblöße mit dem mächtigen Hubertusstein und einer nahen Quelle, und bald darauf treten wir hinaus auf die Ziroger Alm.

Sie ist die größte und am intensivsten bewirtschaftete unter den genannten Almen. Ausgedehnte Bergwiesen ziehen hinauf zum Schlüsseljoch und zur Flatschspitze, und im unteren Teil dieser Bergwiesen liegt das kleine, von Sagen umwobene Almdorf Zirog mit einer Reihe von Baulichkeiten und mit dem Blick hinauf zu den bizarren Felsgestalten der »Kapuziner«, zur Daxspitze und zur hübschen Pyramide der Kalkwand.

Die Hühnerspielhütte ober Gossensaß, am Beginn des Ziroger Höhenweges

Bald nach der Ziroger Alm und nach einem kurzen Aufstieg erreichen wir bei der Enzianhütte den höchsten und aussichtsreichsten Punkt unserer Wanderung. Es handelt sich um eine im Jahre 1950 errichtete Schutzhütte in herrlicher Lage auf dem Höhenrücken zwischen dem Ziroger Almgelände und der nahen Leitneralm, welch Letztere ein hölzernes Kirchlein schmückt.

Bei der Enzianhütte treten wir den letzten Teil unserer Wanderung an. Wir wandern oberhalb der Leitneralm und der Gröbneralm durch, dann geht es mit leichtem Gefälle zur steilen Lueger Alm, und von dort steigen wir schließlich durch die Waldhänge ins Passtal des Brenners ab, dem bedeutenden Alpenübergang mit der gleichnamigen Ortschaft.

➡ **Wegverlauf:** Von Gossensaß (1080 m) stets der Markierung 22 folgend ostwärts hinauf und, vorbei am Bauernhof Hochwieden, durch Wald in Serpentinen empor zur bewirtschafteten Hühnerspielhütte (1868 m; knapp 2 ½ Std.). – Von der Schutzhütte auf dem Höhenweg (Markierung 11) nordwärts teils eben, teils kurz absteigend zu den Bergwiesen der oberen Daxalm, dann in mehrmaligem Auf und Ab die steilen Waldhänge querend zur ausgedehnten Ziroger Alm (1762 m) und hinauf zur Enzianhütte (1903 m; private Schutzhütte, fast ganzjährig geöffnet; ab Hühnerspiel gut 2 Std.). Dann unterhalb der Hütte dem Wegweiser »Wolf« folgend auf großteils gutem Weg in ganz leicht absteigender Hangquerung, vorbei an zwei etwas tiefer liegenden Almen (Leitneralm und Gröbneralm) bis zur Lueger Alm bei einem Bachgraben (1601 m; ab Enzianhütte 1 Std.), auf Steig 12 (oder auf dem längeren Güterweg) durch Wald hinunter zum Gasthaus Wolf, dann auf dessen Zufahrt die Autobahn und Eisenbahn unterquerend zur Brennerstraße und auf dieser ein Stück nordwärts zur Ortschaft Brenner (1370 m); ab Lueger Alm 1 Std. – Von da mit dem Zug oder Bus zurück nach Gossensaß.

Die Enzianhütte im Gebiet der Ziroger Alm

Niederberg
Niederbergalm
1737
Kofleralm
Frader Alm
1621
Karsattel
2093
Tausend-
brunnen
Tiroler
Höhenweg
Steinloch
M. Sasso
2185
Sattel
P.so Sella
2024
Wechseljoch
P.so del Cambio
2176
2242
Kreuzjoch
Montecroce
Zollwachhütte
1697
Jubiläumsbergweg
Flachjoch
P.so del Cambio
2124
Wechselalm
Unterer Leger
Bürstl
Außergiggelberger Alm
Innergiggelberger Alm
Tschaupes
Kohlstatt
Holzerboden
Pontigl
Ponticolo
Europ.
Tiermuseum
Außer-
di Fuori
1362
Roaner
Giggelberg
Moncucco
Schelleberg
Inner-
di Dentro
Margünther
Gossensaß
Colle Isarco
1098
Tennewies
Steckholz
Ceppaia
1040
Hochwieden
Platzhof
Platzwald
Amthorhütte
Knospen-
boden
Blättermühlwald
Riedbergalm
Schlosswald
Fallrütt
Jakobsweg
Bremstall
Hühnerspielhütte
Rif. Gallina 1868
Schlosstal
Platzalm
1899
Prantner Alm
1818
Biotop Hühnerspiel
(Natura 2000)
Hint. Viehberg
Hein-
Heuser-Weg
Hühnerspielalm
Schnellries
Ötzige
1782
1926
Königs-
berg
Daxlkaser
Pontigl/
Ponticolo
Wildenwiese
Dax
Alte Kaser
Ziroger-
Höhenweg
Daxalm
Daxspitze
P. del Tasso
2645
Gamsgruben
2422
Lahner
Weißspitze
P. Bianca
2714
Bairnockspitze
2605
Riedspitze
Hühnerspiel (Amthor.
C. Gallina
2748
Zirogalm
1762
Rodelbahn
Zirogwald
Daxwald
Kreith
1321
Bodenegge
1995
Enzianhütte
Rif. Genziana
1894
Leitner Alm
1880
Brennerbad/
Terme di Brennero
Badalm
1601
Brennerbad
Terme di Brennero
Wechselbach
Wechselhof
Gansteig
Silbergasser
Moidlhof
Brenner Kofel
Schiental
Schientalwand
Raiser Köfel
Brennerkofel
2048
Johanneskopfl
1978
Gröbneralm
1732
Ziroger-
Höhenweg
Johannesbrunn
Leiter Almbach
Brennerwolf
Lueg
1601
Wolfen Albl
1693
Wolfen
Mahd
Steinalm
1685
Steinalm
Labwald
Brenner
Brennero
Brennerpass
Passo del Brennero
1370
Biotop
Sattelmöser
A22
E45
12
Jakobsweg
Wipptal
Aus KOMPASS-Karte 44
KOMPASS

24

Von der Seiser Alm auf den Schlern 2564 m

Die klassische Tour zum Symbolberg Südtirols

Das Schlernhaus gegen Rosengarten und Latemar

Die Wanderung im Überblick:
Seiser Alm – Touristensteig – Schlernhaus – Petz – retour

Anfahrt: von Blumau oder Waidbruck im Eisacktal zum Gebiet Seis-Kastelruth; von dort mit der Kabinenbahn, mit dem Bus oder mit eigenem Fahrzeug (zeitliche Fahrtbeschränkungen) zur Gebäudegruppe Kompatsch am Rand der Seiser Alm

Ausgangspunkt:
Kompatsch/Seiser Alm

Orientierung und Schwierigkeit:
für gehgewohnte Bergwanderer leicht und problemlos

Einkehrmöglichkeiten: ja

Beste Jahreszeit:
Sommer – Herbst

Wanderkarten 1:50.000:
Kompass, Blatt 59 (Sellagruppe – Marmolata); Freytag Berndt, Blatt S1 (Bozen – Meran – Sarntal) – **1:25.000:** Tabacco, Blatt 05 (Gröden)

km 17,6 km | 6 Std. | 760 m

■ Als westlicher Randberg der Dolomiten erhebt sich der Schlern, oft auch als »Symbolberg Südtirols« bezeichnet, zwischen dem unteren Eisacktal und der ausgedehnten Seiser Alm.

Er besteht er aus dem eigentlichen Bergkörper und aus zwei nordseitig vorgelagerten Felsspitzen, die nach ihren Erstbesteigern Santnerspitze und Euringerspitze getauft wurden. Die Hochfläche des Berges ist großteils mit Gras bedeckt, der Petz, der höchste Punkt, ist aber eine vegetationslose Kuppe aus weißem Hauptdolomit.

Zentrale Lage und unverwechselbare Form, aber auch die leichte Ersteigbarkeit und herrliche Aussicht machen den Schlern zu einem der bekanntesten Berge der Alpen. Und wie Funde belegen, ist er schon in prähistorischer Zeit vom Menschen aufgesucht worden.

Für unseren Aufstieg wählen wir jenen klassischen Weg, der von der berühmten Seiser Alm zum Osthang des Berges und über den oberen Abschnitt des von Bad Ratzes heraufkommenden »Touristensteiges« führt. Dabei handelt es sich um den kürzesten und einen der leichtesten aller Schlernanstiege. Der »Touristensteig« hat seinen Namen übrigens daher, dass er von der Sektion Bozen des Österreichischen Touristenklubs 1884 erbaut wurde. Haben wir den Anstieg über den Osthang bewältigt und die Schlernhochfläche erreicht, erwartet uns mit dem Schlernhaus ein sehr bekanntes Schutzhaus, das in Form eines kleineren ersten Baues 1885 von der Sektion Bozen des Deutschen und Österreichischen Alpenvereins erbaut und schon bald vergrößert wurde.

Am Schutzhaus trennen uns nur noch hundert Höhenmeter vom Gipfelkreuz auf dem genannten Petz, und der markierte Steig führt zwar über steiniges und felsiges Gelände, ist aber absolut unschwierig. Und wem es vergönnt ist, den Gipfel an einem klaren Tag mit guter Fernsicht zu betreten, den erwartet ein Panorama, wie es wirklich nur wenige Gipfel vergleichbarer Höhe bieten.

Der Petz mit dem Gipfelkreuz

Wegverlauf: Von Kompatsch (1844 m; hierher Kabinenbahn von Seis herauf sowie zwischen Seis und Kastelruth beginnende Straße mit Fahrtbeschränkungen) auf dem breiten Weg 10 zuerst ein Stück hinauf, dann über die Wiesen der Seiser Alm südwestwärts zum ebenfalls breiten Weg 5, auf diesem zur Saltnerhütte (1825 m, Ausschank) und zum nahen Frötschbach (ca. 1800 m, Brücke) und jenseits auf Weg 5 hinan zu einer Bergwiese, wo man den von Bad Ratzes heraufkommenden »Touristensteig« (Markierung 1) betritt; nun auf diesem in Serpentinen teilweise durch Latschenhänge hinauf zur Schlernhochfläche und über sie hinüber zum Schlernhaus (2457 m; Schutzhaus mit Sommerbewirtschaftung; 3 Std.); von da schließlich auf markiertem Steig über Blockwerk in 20 Minuten problemlos nordwärts hinauf zum Gipfelkreuz auf dem Petz, dem höchsten Punkt des Schlerns (2564 m). – Abstieg: Über die beschriebene Aufstiegsroute.

Auf den Paresberg 2384 m

Unschwierige Gipfelwanderung bei Wengen

Der Paresberg von unserem Aufstiegsweg aus

Die Wanderung im Überblick: Wengen – Ciurnadù – Paresberg – retour

Anfahrt: von Pederoa im Gadertal nach Wengen

Ausgangspunkt: Wengen, Gasthaus Ciurnadù

Orientierung und Schwierigkeit: für geh- und berggewohnte Wanderer leicht und problemlos; oberhalb der Waldgrenze ist der Steig etwas felsig und leicht ausgesetzt, aber unschwierig begehbar

Einkehrmöglichkeiten: ja

Beste Jahreszeit: Sommer – Frühherbst

Wanderkarten 1:50.000: Kompass, Blatt 57 (Bruneck – Toblach; Freytag-Berndt, Blatt S 3 (Pustertal – Bruneck – Drei Zinnen) – **1:25.000:** Tabacco, Blatt 07 (Alta Badia – Arabba – Marmolada)

km 7,4 km — 4 Std. — 786 m

Das Gipfelkreuz auf dem Paresberg

■ Der Paresberg – auch kurz Pares genannt – befindet sich mitten in der Welt der ostseitigen Gadertaler Dolomiten. Knapp 2400 Meter hoch, zeigt er sich nach Wengen hinunter als markanter Felsgipfel. Und von St. Vigil in Enneberg oder vom Kreidesee aus betrachtet, erhebt er sich als mächtiger Berg mit den bizarren Felstürmen der »Zwölf Apostel«, die das Bild der wild zerrissenen Nord- und Ostseite bestimmen. So ist der Paresberg – in manchen Karten auch als Sas de Crosta bezeichnet – eine respektable Dolomitengestalt, und da er auf markiertem Pfad unschwierig zu ersteigen ist, besitzt er auch alpintouristische Bedeutung.

Dadurch, dass wir den Berg auf der Wengener Seite besteigen, lernen wir auch eine Siedlungslandschaft kennen, die mit ihren ausgedehnten Wiesenhängen und den verstreuten Höfegruppen, den sogenannten »Viles«, zu den schönsten und charakteristischsten Gebieten der gesamten Dolomiten gehört.

Früher, als man noch in Wengen losmarschierte, war die Besteigung des Paresberges eine recht lange Tour. Doch heute, da man bequem bis in eine Höhe von rund 1600 Metern fahren kann, ist sie um rund ein Viertel kürzer, auch wenn immer noch mit einer Aufstiegszeit von zweieinhalb bis drei Stunden gerechnet werden muss.

Die Wege sind zwar anfangs breit und zunächst auch ein gutes Stück fast eben, aber dann geht es doch recht steil durch den Wald bergan, und in der Flanke, die zum begrasten Südrücken führt, ist der Pfad teilweise auch felsig und an einer Stelle ein wenig ausgesetzt. Aber es handelt sich überall um sogenanntes Gehgelände, und wer über Schwindelfreiheit, normale Gehfähigkeit und etwas Bergerfahrung verfügt, für den ist der Paresberg leicht ersteigbar.

Dass unser Gipfel eine Aussichtswarte ersten Ranges ist, erweist sich spätestens oben beim Kreuz, das die markante Südspitze krönt. Erheben sich im Osten, Süden und Westen über den Wäldern, Wiesen und Siedlungen mit die eindrucksvollsten Felsbastionen der Dolomiten, wobei hinter der Kreuzkofelwand auch der Eisschild der Marmolata hervorlugt, so schaut man im Norden bis zu den Zillertaler Alpen und Hohen Tauern.

Und was am stärksten unseren Blick fesselt, sind die beiden Gipfel, die sich uns gegenüber im Süden mit ihren gewaltigen Felswänden erheben – der Neuner und Zehner, ladinisch Sas dales Nü und Sas dales Diesc – 2968 Meter hoch der eine und sogar 3026 Meter hoch der andere; Hochgipfel also im wahrsten Sinn des Wortes und Berggestalten, deren Anblick uns entlang der gesamten Tour auf den Paresberg immer wieder in seinen Bann zieht.

Wegverlauf: Anfahrt von Pederoa im Gadertal hinauf nach Wengen (La Val) und auf der Höfestraße weiter bis zum Parkplatz kurz nach dem Gasthaus Ciurnadù (1610 m). Von da stets den Wegweisern »Pares« folgend zunächst auf dem breiten Weg 13/15 durch Wald und Wiesen bis zum links abzweigenden Weg 15, auf diesem durch Wald und Bergwiesen und an Heuhütten vorbei steil hinauf zu einer weiteren Weggabel und auf Steig 15 B durchweg steil durch Wald zu einer letzten Hütte in gut 2000 m Höhe; dann den Wald und das Krummholz allmählich verlassend auf dem teilweise etwas felsigen und an einer Stelle ganz leicht ausgesetzten Steig steil empor zum begrasten Südrücken des Berges und über diesen weiterhin auf Steig 15 B problemlos hinauf zum Gipfelkreuz auf dem Südgipfel (2384 m); der nahe höchste Punkt (2396 m) ist ebenfalls leicht zu erreichen. Ab Parkplatz 2 ½ Std. Abstieg: über den Aufstiegsweg (gut 1 ½ Std.).

Zur Birnlückenhütte 2440 m

Wanderziel hoch über dem innersten Ahrntal

Das innerste Ahrntal, durch das wir zur Birnlückenhütte aufsteigen

Die Wanderung im Überblick: Kasern – Prastmann – Trinksteinalm – Lahneralm – Birnlückenhütte – retour

Anfahrt: Bruneck – Sand in Taufers – Kasern

Ausgangspunkt: Kasern

Orientierung und Schwierigkeit: für ausdauernde und berggewohnte Wanderer unschwierig

Einkehrmöglichkeit: ja

Beste Jahreszeit: Sommer

Wanderkarten 1:50.000: Kompass, Blatt 82 (Taufers – Ahrntal); Freytag-Berndt, Blatt 152 (Mayrhofen – Zillergrund – Ahrntal) und Blatt 123 (Defereggen und Virgental) – **1:25.000:** Tabacco, Blatt 035 (Ahrntal – Rieserfernergruppe)

km 15,3 km | 6 Std. | 845 m

■ Man nennt ihn Bockegg, den aussichtsreichen Bergrücken, auf dem die Birnlückenhütte hoch über dem innersten Ahrntal steht und weit talaus schaut. Benannt ist sie hingegen nach der Birnlücke, dem uralten Übergang vom Ahrntal ins Krimmmler Achental.

Der Weg zur Birnlückenhütte beginnt in Kasern, dem Ausgangspunkt für eine große Zahl von Wanderungen und Bergtouren. Zunächst wandern wir gemütlich talein zum Weiler Prastmann mit dem Heiliggeist-Kirchlein und weiter zur Trinksteinalm, wo der lange Weg, der noch vor uns liegt, allmählich anzusteigen beginnt.

Aber wer diesen Teil des Aufstiegs zur Hütte nicht unbedingt in einem Zug bewältigen will, dem bietet die Kehreralm eine erste Rast- und Einkehrmöglichkeit, und die Lahneralm, die schon höher oben am Rand eines grünen Bodens liegt, eine weitere.

Nach diesem Boden, dem »Lahnermoos«, bringt uns ein letzter großer Steilaufschwung, der in unzähligen mühsamen Serpentinen gewonnen wird, schließlich zur Schutzhütte, wo eine großartige Aussicht über das Ahrntal und seine Bergwelt und dazu der atem-

Die Birnlückenhütte, unser Wanderziel

beraubende Anblick der nahen Eiskatarakte der Dreiherrenspitze die Mühen des langen Anstiegs belohnen.

Anders als bei den meisten anderen Schutzhütten das Ahrntales, war es hier im Jahr 1900 nicht ein alpiner Verein, der die Hütte erbaute, sondern ein Privatmann, und zwar der Prettauer Stern-Wirt Alois Voppichler.

Jene Hütte war ein allseits begrüßter Stützpunkt am alten Jochweg, den seit Jahrhunderten die Bauern mit ihrem Vieh gingen, aber bald erhielt sie auch Bedeutung für die Begehung des neuen Lausitzer Höhenweges und des Aufstiegs zum Klockerkarkopf, auf dessen Gipfel die Sektion Lausitz damals eine kleine Unterstandshütte errichtete. So könnten wir den Besuch der Birnlückenhütte mit einer zünftigen Gipfeltour oder mit der Begehung des erwähn-

ten Höhenweges verbinden, aber angesichts des doch recht langen Zugangs und der prächtigen Lage wollen wir sie als eigenständiges Wanderziel betrachten und uns mit ihrem Besuch begnügen.

➡ **Wegverlauf:** Von Kasern im inneren Ahrntal (1595; große Parkplätze) stets der Markierung 13 folgend zunächst auf dem alten Talweg (Kreuzweg) hinein zum Weiler Prastmann (1623 m, nahebei das Heiliggeist-Kirchlein), weiter zur Trinksteinalm (1680 m; ab Ausgangspunkt 1 Std.), dann hinauf zur Lahneralm (1979 m; Jausenstation), kurz über einen ebenen Boden weiter und zuletzt in zahlreichen steilen Serpentinen anstrengend empor zur Birnlückenhütte (2440 m; Sommerbewirtschaftung); ab Ausgangspunkt 3 ½ Std. – Abstieg: wie Aufstieg, 2 ½ Std.

Auf die Pisciadùspitze 2985 m

Nicht schwieriger Fast-Dreitausender im Sellastock

Die wuchtige Pisciadùspitze im Sellastock

Die Tour im Überblick: Grödner Joch – Pisciadùhütte – Pisciadùspitze – retour

Anfahrt: durch das Gadertal oder vom Eisacktal durch das Grödental auf das Grödner Joch

Ausgangspunkt: Grödner Joch

Orientierung und Schwierigkeit: für bergerfahrene, trittsichere und schwindelfreie Geher bei einwandfreien Verhältnissen nicht schwierig

Einkehrmöglichkeiten: Gastbetriebe am Grödner Joch, Pisciadùhütte

Beste Jahreszeit: Sommer – Frühherbst

Wanderkarten 1:50.000: Kompass, Blatt 59 (Sellagruppe); Freytag-Berndt, Blatt S 5 (Cortina d'Ampezzo – Marmolada – St. Ulrich) – **1:25.000:** Tabacco, Blatt 07 (Alta Badia – Arabba – Marmolada)

km 7,2 km | 5 – 6 Std. | 848 m

■ Die Pisciadùspitze ist ein mächtiger Berg südöstlich über der Pisciadùhütte. Nordseitig bricht er mit senkrechten Felswänden ab, doch auf der Südseite, über die schon 1872 die Erstbesteigung durch die beiden Gadertaler Johann und Josef Alton erfolgte, ist das Felsgelände weniger steil, und über sie führt denn auch der markierte Normalaufstieg.

Wir erreichen die besagte Südseite, indem wir zunächst vom Grödner Joch zur erwähnten Pisciadùhütte aufsteigen, die wir bereits auf den vorhergehenden Seiten kennengelernt haben und die auch über den berühmten Pisciadù-Klettersteig oder vom Mittagstal herauf zugänglich ist.

Vom Schutzhaus steigen wir über Geröllhänge hinauf in das steile, fast schluchtartige Val Tita und gelangen, teilweise über gesicherte Felsen, zum Beginn des eigentlichen markierten Gipfelsteiges.

Dieser führt an dem aus gestuften Felsschrofen und Geröll bestehenden, quer gebänderten Südhang in relativ kurzem Aufstieg zum Gipfelkreuz, wo sich eine umfassende Aussicht und Schwindel erregende Tiefblicke bieten.

Das Gipfelkreuz auf der Pisciadùspitze

Abstieg über die Gipfelflanke der Pisciadùspitze

So ist die Pisciadùspitze ein lohnender Gipfel für den Normalbergsteiger, aber sie ist immerhin fast 3000 Meter hoch, und der teilweise gesicherte Anstieg ist nur für erfahrene Bergsteiger und bei besten Verhältnissen als vergleichsweise leicht einzustufen.

Wegverlauf: Vom Grödner Joch (2137 m) auf Steig 666 über einen Grasrücken südwärts hinauf, dann Steilhänge querend hinein ins schluchtartige Val Setus, durch dieses über Geröll und steile, aber gesicherte Felsen empor zur Terrasse des Sellastocks und links kurz hinunter zur Pisciadùhütte (2585 m, ab Grödner Joch 1½ – 2 Std.). Vom Schutzhaus dann auf Steig 666 über Geröll und unschwierigen Fels (mit Stahlseilsicherungen) hinauf zu einer Mulde am Südfuß des Berges (ca. 2800 m, etwas höher die Bamberger Scharte oder Sela di Val de Tita), hier links ab und nordwärts der Markierung folgend teils auf Geröllsteig, teils über gestuften Fels (ein paar Stellen erfordern die Zuhilfenahme der Hände) in ½ Std. empor zum Gipfelkreuz (2985 m, ab Hütte 1½ Std., ab Ausgangspunkt 3 – 3½ Std.). – Abstieg: über die Aufstiegsroute (gut 2 Std.).

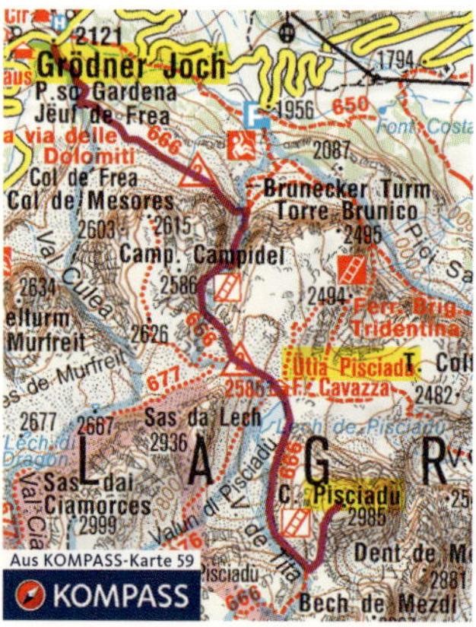

Von Dorf Tirol auf die Mutspitze 2295 m

Beliebter Gipfel über Dorf Tirol

Die Mutspitze über den gleichnamigen Berghöfen

Die Wanderung im Überblick: Hochmuth – Gasthaus Mutkopf – Mutspitze – retour

Anfahrt: von Meran kurz ins Passeiertal und links abzweigend hinauf nach Dorf Tirol; von dort mit der Seilbahn zum Gasthaus und Hof Hochmuth

Ausgangspunkt: Gasthaus und Hof Hochmuth

Orientierung und Schwierigkeit: bei Begehung desselben Auf- und Abstiegsweges leicht und problemlos; der Abstieg über die Taufenscharte hingegen erfordert größere Bergerfahrung, auch ist die Überschreitung des Westgrates stellenweise etwas ausgesetzt

Einkehrmöglichkeiten: ja

Beste Jahreszeit: Sommer – Frühherbst

Wanderkarten 1:50.000: Kompass, Blatt 53 (Meran); Freytag-Berndt, Blatt S 1 (Bozen – Meran – Sarntal) – **1:25.000:** Tabacco, Blatt 011 (Meran und Umgebung)

km 7,5 km | 5 – 6 Std. | 944 m

■ Die Mutspitze ist einer der bekanntesten und meistbesuchten Gipfel im Bergkranz, der das Meraner Becken umrahmt. Mit einer Höhe von knapp 2300 Metern ragt der pyramidenförmige, nach den Muthöfen benannte Berg nördlich über Meran und Dorf Tirol frei und weithin sichtbar als südöstlicher Eckpfeiler der Texelgruppe und damit des gleichnamigen Naturparks auf.

Die letzten Meter zum Gipfel der Mutspitze

Schon der 1774 erschienene Atlas Tyrolensis verzeichnet unseren Berg, und der Topograf Beda Weber bescheinigt ihm 1838 in seiner Südtiroler Landesbeschreibung »weitreichenden Ausblick« – ein Urteil, das aufgrund der zentralen und freien Lage des Gipfels natürlich heute genauso gilt wie zu Webers Zeiten.

Westseitig zieht vom Gipfel ein gezackter Felskamm hinüber bis zum 3000 Meter hohen Tschigat, nordseitig brechen steile Felsflanken gegen das Spronser Tal ab, und auch die Süd- und Ostseite ist sehr steil. Doch hier prägt über der Waldgrenze noch dichter Graswuchs das Bild der Hänge, und hier führt auch der gute und unschwierige, wenn auch ziemlich steile Fußweg über den gleichmäßig ansteigenden Ostgrat zum Gipfel mit dem Kreuz.

Dieser Weg, der weit hinauf mit Holzgeländern und Steinpflasterung versehen wurde, beginnt am rund 1350 Meter hoch gelegenen Gasthaus und Bauernhof Hochmuth, wohin wir von Dorf Tirol herauf bequem mit der Seilbahn gelangt sind.

Dann queren wir die Nadelwälder hinüber bzw. hinauf zum bekannten Waldgasthaus Mutkopf, wo der eigentliche Gipfelanstieg beginnt. Kurz geht es noch durch den Wald und über eine Lichtung mit ein paar alten Hütten, doch schon bald erreichen wir die Baumgrenze und damit steile Grashänge, die im Sommer besonders schön blühen.

Erst ganz oben, wo man dem Gipfel schon recht nahe ist, geht es über Felsblöcke, die den markanten Berg aufbauen. Doch der Weg ist weiterhin problemlos begehbar, und so ist denn auch bald schon das Gipfelkreuz erreicht.

Der geschilderte Aufstieg zur Mutspitze ist insgesamt zwar anstrengend und überdies im oberen Bereich auch ziemlich steil, aber insgesamt doch als leicht einzustufen. Und damit kann diese lohnende Gipfeltour jedem einigermaßen gehgewohnten Bergwanderer nur wärmstens empfohlen werden.

➡ **Wegverlauf:** Von Dorf Tirol bei Meran mit der Seilbahn hinauf zum Hof und Gasthaus Hochmuth (1351 m). Von da in wenigen Minuten auf gutem Weg gerade hinauf zum Gasthaus Steinegg und ostwärts auf dem Waldweg 22 teils ansteigend, teils fast eben hinan zum Gasthaus Mutkopf (1684 m; ab Hochmuth 1 Std.). Nun auf dem Waldweg Nr. 22/23 über den Rücken hinauf zu Weggabel und links auf Weg bzw. Steig 23 über den steilen Ostgrat unschwierig empor zum Gipfel (2295 m; ab Gasthaus Mutkopf 1½–2 Std.) – Abstieg: Am besten auf dem Anstiegsweg. – Bergerfahrene und besonders gehfreudige Wanderer können vom Gipfel auch zur Taufenscharte queren, um von dort über die Leiteralm und den Hans-Frieden-Weg zum Ausgangspunkt zurückkehren (Gehzeiten ca. 3 Std.).

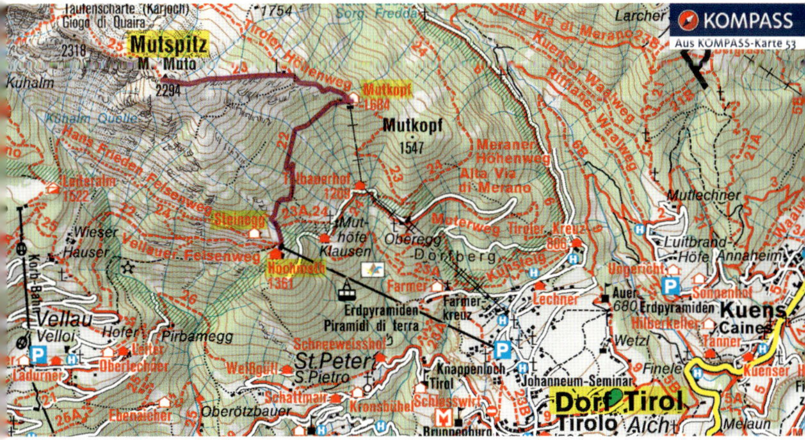

Von Bozen nach Seit und Kohlern 1135 m

Zu den Höhen im Südosten der Stadt

Die Sommerfrische Bauernkohlern bei Bozen mit ihrem Kirchlein

Die Wanderung im Überblick: Bozen-Haslach – Seit – Kohlern – Bozen-Haslach

Anfahrt: in Bozen zu der am südöstlichen Stadtrand befindlichen Siedlung Haslach

Ausgangspunkt: Haslach (Sportanlagen)

Orientierung und Schwierigkeit: für einigermaßen geübte Wanderer mit gutem Schuhwerk leicht und problemlos; der Abstieg aber teilweise sehr steil

Einkehrmöglichkeiten: ja

Beste Jahreszeit: Frühjahr und Herbst, im Hochsommer heiß

Wanderkarten 1:50.000: Kompass, Blatt 54 (Bozen); Freytag-Berndt, Blatt S1 (Bozen – Meran – Sarntal) – **1:25.000:** Tabacco 034 (Bozen – Ritten – Tschögglberg)

km 13 km — 5 Std. — 900 m

■ Diese lange Rundwanderung führt uns vom Bozner Stadtteil Haslach über die Haselburg zur Streusiedlung Seit, von dort nach Bauernkohlern und schließlich über Virgl und Kalvarienberg wieder zurück zum Ausgangspunkt.

Die Haselburg wird als Kurzwanderziel bereits an anderer Stelle dieses Führers vorgestellt, daher hier nur der Hinweis, dass das um 1200 erbaute Schloss Einkehrmöglichkeit bietet und sehenswerte Fresken enthält.

Bald nach der Haselburg kommen wir an einem gotischen Bildstock vorbei, und dann betreten wir den einzigartigen »Wandweg«, der teilweise durch senkrechte Felswände führt und somit seinem Namen alle Ehre macht. Dieser Weg, einer der eindrucksvollsten Altwege Südtirols, bringt uns hinauf zur weithin sichtbaren Johanneskapelle und weiter zu den ausgedehnten Wiesenhängen von Seit.

Dort besteht wieder Einkehrmöglichkeit, und etwas höher erreichen wir die 1854 geweihte Kirche von Seit. Bei deren Namenspatron handelt es sich um jenen Heinrich von Bozen, der im 13. Jahrhundert ein besonders heiligmäßiges Leben führte und um 1750 von Papst Benedikt XIV. seliggesprochen wurde.

In Seit halten wir Rast und genießen den weiten Blick über die Talfurche der Etsch und zu den beiderseitigen Höhen und Bergen. Dann wandern wir weiter und gelangen, teilweise auf einem uralten Weg, hinüber nach Bauernkohlern, jener bekannten Bergsiedlung und Sommerfrische, die mit Bozen durch eine 1908 eröffnete Seilbahn verbunden ist und wo es wieder Einkehrmöglichkeit gibt. Die besagte Kohlerer Bahn gilt als älteste größere Personenseilbahn der Welt.

Der eindrucksvolle Weg nach Seit

Da deren Talstation vom Ausgangspunkt unserer Wanderung ziemlich weit entfernt liegt, entschließen wir uns, diesen auf Schusters Rappen zu erreichen. Ein recht steiler Fußweg führt uns zur Geländeschulter des Virgl, aber dann kehren wir über eine gemütliche Promenade wieder nach Haslach zurück.

Wegverlauf: Vom Bereich der Sportanlagen in Haslach (260 m) stets der Markierung 3 und den Wegweisern »Haselburg« folgend zunächst zwischen den Häusern zum Beginn der Promenade und über diese zur Haselburg (406 m; Einkehrmöglichkeit; ab Ausgangspunkt ¾ Std.). Dann auf dem breiten Weg weiter zu einem Bildstock, links auf dem »Wandweg« durch Felswände hinauf zu kleiner Kapelle, weiter zum Fritscherhof (Gasthaus) und kurz links hinauf (stets Weg 3) zur Kirche von Seit (868 m; ab Ausgangspunkt 2½ Std.). Nun auf Weg 3, die Straßenkehren abkürzend, hinauf zum Köhlhof, auf dem alten Pflasterweg (Wegweiser »Waldweg« und Markierung 3) in ebener Waldwanderung nordwärts und zuletzt, an einem hölzernen Aussichtsturm vorbei, auf dem Fahrweg leicht absteigend zur Häusergruppe Bauernkohlern (1135 m; Gastbetriebe); ab Seit 1½ Std. – Von da auf Weg 4 durch Gebüschhänge großteils steil hinunter zum Virgl und über die Promenade (Markierung 9) südwärts hinunter nach Haslach; ab Kohlern ca. 1½ Std.

Plattkofelhütte und Plattkofel 2958 m

Hütten- und Gipfeltour am Rande der Seiser Alm

Die Plattkofelhütte am Südwestfuß des gleichnamigen Berges

Die Tour im Überblick: Saltria – Plattkofelhütte – Plattkofel – retour

Anfahrt: von der Brenner-Staatsstraße oder von der Autobahnausfahrt bei Klausen ins Grödental, durch dieses nach St. Christina und südseitig hinauf nach Monte Pana; von dort mit dem Bus nach Saltria und mit dem Sessellift hinauf zur Williamshütte

Ausgangspunkt: Williamshütte (Seiser Alm)

Orientierung und Schwierigkeit: bis zur Plattkofelhütte leicht und problemlos, von dort zum Gipfel anstrengend, aber für berg- und gehgewohnte Wanderer ebenfalls unschwierig

Einkehrmöglichkeiten: ja

Beste Jahreszeit: Sommer

Wanderkarten 1:50.000: Kompass, Blatt 59 (Sellagruppe – Marmolata); Freytag-Berndt, Blatt S 5 (Gröden – Cortina – Marmolada) – **1:25.000:** Tabacco, Blatt 05 (Gröden – Seiser Alm)

km 8,5 km | 5 – 6 Std. | 858 m

Das Gipfelkreuz auf dem Plattkofel

■ Diese Tour führt uns von der Seiser Alm auf den Plattkofel in der Langkofelgruppe. Dabei handelt es sich um den westlichsten Berg des genannten Bergmassivs und den »kleineren Bruder« des fast 3200 Meter hohen Langkofels.

Anders als die übrigen Gipfel der Gruppe ist der Plattkofel trotz der beachtlichen Höhe von rund 2960 Metern unschwierig zu besteigen, zumal ein markierter Steig über die Südwestflanke bis zum Gipfelkreuz führt.

Wir beginnen die Tour in Saltria, dem Zentrum der Seiser Alm, wohin uns der Autobus gebracht hat. Von dort legen wir den ersten Teil des Anstiegs bis in eine Höhe von 2100 Metern mühelos mit dem Florian-Sessellift zurück, und dann steigen wir auf breitem Wanderweg hinauf zur Plattkofelhütte.

Das stattliche, in seinen Ursprüngen auf eine erste, um 1910 erbaute Hütte zurückgehende und auf eine bewegte Geschichte zurückblickende Schutzhaus steht am Westfuß des Plattkofels in der Nähe des Fassajochs und damit auf dem Kamm zwischen Seiser Alm und Fassatal mit der entsprechenden Aussicht. Damit ist die Hütte auch ein lohnendes Wanderziel.

Erscheint der Plattkofel von Norden gesehen als markante Felspyramide, so zeigt er sich zur Plattkofelhütte hin mit seiner riesigen, weitgehend ungegliederten Westflanke, über die unser Pfad zum Mittelgipfel führt. Dieser Aufstieg ist etwas eintönig, aber oben beim Gipfelkreuz steht man auf einer Aussichtswarte mit einem schier unendlichen Panorama.

Aber mehr noch als die Schau in die Ferne beeindruckt der atemberaubende Blick in das Felsmassiv der inneren Langkofelgruppe mit ihren senkrecht abbrechenden Türmen, Wänden, Kanten und über 3000 Meter hohen Gipfeln. Dieser Nah- und Tiefblick ist wohl die Krönung der ganzen Tour.

➡ **Wegverlauf:** Von der Talmulde Saltria im Herzen der Seiser Alm (1675 m; Gastbetriebe, Busverbindungen mit Monte Pana in Gröden wie auch mit Seis / Kastelruth) zunächst mit dem Florian-Sessellift südostwärts hinauf zur Williamshütte (2100 m). Von da nun zu Fuß zuerst auf breitem Weg zum nahen Almgasthaus Zallinger (2037 m), nun auf Weg 9 zum Berghang und dann mittelsteil südostwärts hinauf zur Plattkofelhütte (2300 m; ab Williamshütte 1 Std.). Von da auf dem Steig 527 nordostwärts über einen Grasrücken hinüber zum Fuß der Südwestflanke und über sie durchwegs steil, aber nicht schwierig in großteils felsigem Gehgelände empor zum Mittelgipfel (2958 m; ab Hütte 2 Std.). – Der Abstieg erfolgt über die beschriebene Aufstiegsroute in insgsamt ca. 2 Std.

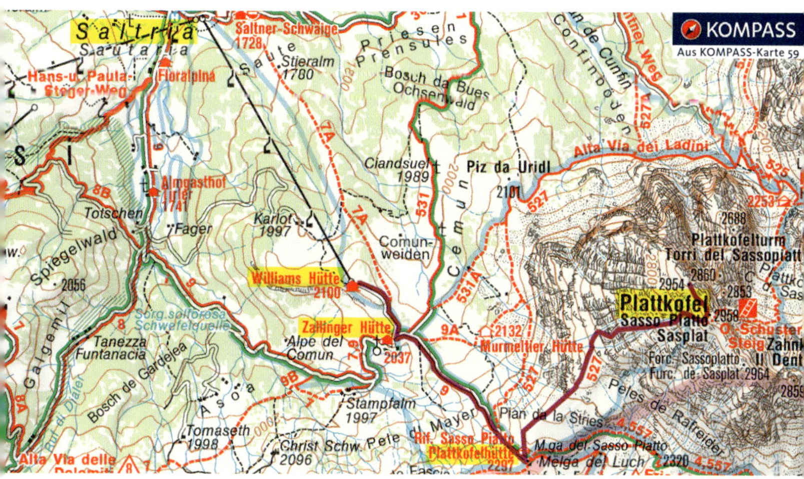

Magdeburger Hütte und Stubensee 2423 m

Wanderung in die Gletscherregion von Pflersch

Die Magdeburger Hütte in Pflersch

Die Tour im Überblick:
Innerpflersch (Parkplatz Hölle) – Magdeburger Hütte am Stubensee – retour

Anfahrt: von Gossensaß nach Innerpflersch und zum Parkplatz Hölle

Ausgangspunkt: Parkplatz Hölle

Orientierung und Schwierigkeit:
für gehgewohnte Berggeher leicht und problemlos

Beste Jahreszeit:
Sommer – Frühherbst

Wanderkarten 1:50.000:
Kompass, Blatt 44 (Sterzing); Freytag-Berndt, Blatt S 4 (Sterzing – Jaufenpass – Brixen) – **1:25.000:** Tabacco, Blatt 038 (Sterzing – Stubaier Alpen)

km 10,2 km | 4 ½ Std. | 900 m

■ Schon der Blick von Gossensaß in das Pflerschtal zeigt uns, dass dessen Bergwelt sowohl aus dunklen, aber teilweise vergletscherten Silikat- oder Urgesteinen als auch aus hellem, unvergletschertem Dolomit besteht.

Befindet sich in der Dolomitzone die Tribulaunhütte nahe dem Sandessee, so haben wir in der Urgesteinszone die 1887 von der Alpenvereinssektion Magdeburg erbaute Magdeburger Hütte nahe dem Stubensee.

Diese Hütte ist ein wichtiger Stützpunkt für die Besteigung der umliegenden Dreitausender – beispielsweise der Schneespitze und Weißwandspitze –, aber sie ist auch ein beliebtes Wanderziel.

Die erwähnten Hochgipfel, zwischen denen der Feuersteinferner und der kleinere Stubenferner lagern, und insbesondere die Schneespitze mit ihrer unverwechselbaren Form überragen das Gebiet der Magdeburger Hütte auf der einen Seite; auf der anderen Seite aber bietet die Hütte eine weite und freie Aussicht, die das ganze Pflerschtal umfasst und hinaus schweift bis zu den Randgipfeln der Zillertaler Alpen hoch über Gossensaß.

Die Wanderung zur Hütte beginnt im Bereich von Stein, dem innersten Pflerscher Weiler, und damit auch im Bereich der sogenannten Hölle, einer Schlucht des Talbaches mit einem stäubenden

Der kleine Stubensee unweit der Magdeburger Hütte

Wasserfall. Zuerst geht es durch Fichtenwald talein ins Gebiet der Ochsenalm und dann durch jene felsdurchsetzten Hänge hinauf, wo in einer alten Grenzbeschreibung »Knappenstuben« erwähnt werden. Dies weist zum einen auf das einstige Silberbergwerk von Pflersch hin und liefert zum anderen die Erklärung für die Namen Stubensee und Stubenferner.

Die unmittelbare, naturbelassene Umgebung der Hütte wird teilweise von Schieferfelsen mit schönen Gletscherschliffen, kleinen Rasenflächen, blühenden Polstern der bunten Silikatflora sowie vom hübschen, wenn auch teilweise verlandeten Stubensee und von ein paar höher befindlichen Gletscherseen geprägt. Schäumende Bäche rauschen zu Tal, auf den Bergwiesen haben die Murmeltiere ihre Heimstatt, und irgendwo erblicken wir vielleicht sogar einen Steinbock.

Wegverlauf: Anfahrt von Gossensaß nach St. Anton in Hinterpflersch, schattseitig auf schmaler Straße hinauf bis fast zur Brücke von Stein und links (im Sommer nur morgens und abends Fahrerlaubnis) weiter bis zu einem Parkplatz in der Nähe des Wasserfalls »in der Hölle« (ca. 1465 m). Von da den Wegweisern »Magdeburger Hütte« folgend zuerst auf Brücke über den Talbach, bald darauf auf dem Hüttenweg der Markierung 6 folgend ein Stück durch Wald und dann durch freies, von Grashängen und Felspartien bestimmtes Gelände anfangs leicht und später stärker ansteigend hinauf zur Magdeburger Hütte (2423 m; auch als Schneespitzhütte in manchen Karten; Sommerbewirtschaftung; 80 Schlafplätze); ab Parkplatz Hölle gut 2½ Std. – Abstieg: wie Aufstieg in 2 Std. (Der zunächst bis auf fast 2900 m ansteigende Höhenweg zur Tribulaunhütte kommt als Abstiegsroute nur sehr bedingt in Frage.)

Europahütte und Wildseespitze 2733 m

Schutzhaus und leichter Gipfel auf der Pfitscher Nordseite

Landshuter Europahütte und Wildseespitze im Pfitschtal

Die Tour im Überblick:
Pfitscher-Joch-Straße (vierte Kehre) – Landshuter Europahütte – Wildseespitze – retour

Anfahrt: Sterzing – St. Jakob in Pfitsch – vierte Kehre der Pfitscher-Joch-Straße

Ausgangspunkt: vierte Kehre der Pfitscher-Joch-Straße

Orientierung und Schwierigkeit: für einigermaßen bergerfahrene Wanderer unschwierig, eine kurze Strecke mit ein paar fixen Seilen erfordert Trittsicherheit

Einkehrmöglichkeiten: ja

Beste Jahreszeit:
Sommer – Frühherbst

Wanderkarten 1:50.000:
Kompass, Blatt 44 (Sterzing); Freytag-Berndt, Blatt S 4 (Sterzing – Jaufenpass – Brixen) – **1:25.000:** Tabacco Blatt 037 (Hochfeiler – Pfunderer Berge)

km 17 km | 6 – 7 Std. | 927 m

■ Nordseitig hoch über dem inneren Pfitscher Tal steht auf luftiger Kammschneide mit weitreichender Aussicht die Landshuter Europahütte, die verschiedene Zugänge hat, aber am kürzesten auf einem erst vor einigen Jahren angelegten Steig von der vierten Kehre der Pfitscher Joch-Straße aus besucht wird.

Dieser Anstieg führt zunächst durch Legföhren und Wald zum hübschen Grasboden der Grieplalm mit ihren alten, leider allmählich verfallenden Blockhütten, und später mündet der Steig in den berühmten, vom Pfitscher Joch zur Landshuter Hütte führenden Landshuter Höhenweg. Und über diesen erreichen wir nach längerer Hangquerung das letztgenannte Schutzhaus. So begehen wir zwar nicht den gesamten Höhenweg, aber doch ein beträchtliches Stück desselben.

Das stattliche Schutzhaus, das auf eine bewegte Geschichte zurückblickt, wurde 1899 von der Alpenvereinssektion Landshut als Stützpunkt für die Begehung des Landshuter Höhenweges, aber auch als Stützpunkt für die Besteigung des Kraxentragers und der Wildseespitze erbaut.

Für tüchtige Geher mit Hochgebirgserfahrung ist zwar der fast 3000 Meter hohe Kraxentrager das bevorzugte Gipfelziel, doch für jene, die den Besuch der Hütte mit einer kürzeren Gipfelbesteigung krönen möchten, sei hier die Besteigung der im Westen als hübsche Pyramide aufragenden Wildseespitze empfohlen, die nach zwei nahen kleinen Bergseen benannt ist.

Das Gipfelkreuz auf der Wildseespitze

Der Zugang führt zunächst mit leichtem Gefälle in eine Gratsenke, und dann sind nordseitig ein paar sehr steile Felspassagen zu bewältigen. Doch die sind mit gut verankerten Stahlseilen versehen, und schon bald wechseln wir auf leichtes Gehgelände über und erreichen problemlos den Gipfel.

Dank ihrer freien Lage im Kamm zwischen dem Pfitschtal im Süden und dem Silltal im Norden, bietet die Wildseespitze eine umfassende Schau über die Südtiroler und Nordtiroler Bergwelt, und seit einiger Zeit schmückt auch ein geschmiedetes Kreuz die markante Felsspitze.

Wegverlauf: Anfahrt von Sterzing ins innerste Pfitschtal und auf der ungeteerten Pfitscher-Joch-Straße hinauf bis zur vierten Kehre (1806 m; großer Parkplatz). Von da dem Wegweiser »Landshut-

er-Europa-Hütte« folgend kurz hinauf zu Weggabel, von dort links auf Steig 4 A durch Latschen und Wald hinauf zur aufgelassenen Griepl-alm, durch freie Berghänge weiter empor zum Landshuter Höhenweg und auf diesem (Markierung 3) links zuerst leicht auf und ab die Hänge querend und zuletzt in Serpentinen ansteigend zur Landshuter Europahütte (2693 m; Sommerbewirtschaftung); ab Ausgangspunkt knapp 3 Std. Von der Hütte weiterhin der Markierung 3 folgend über den flachen Kamm mit geringem Höhenverlust westwärts hinüber zum Gipfelaufbau, auf teilweise seilgesichertem Steig in der felsigen Nordseite weiter, dann fast eben die Südflanke der Wildseespitze problemlos querend hinüber zum Westhang des Berges und rechts abdrehend über ihn ebenfalls problemlos hinauf zum Gipfelkreuz (2733 m); ab Schutzhaus ¾ Std. – Rückkehr zur Hütte und Abstieg: über die beschriebene Aufstiegsroute in 2 ½ Std.

Tiefrastenhütte und Tiefrastensee 2312 m

Wanderung im einsamen Winnebachtal bei Terenten

Der Tiefrastensee mit der gleichnamigen Schutzhütte

Die Wanderung im Überblick: Winnebachtal bei Terenten – Astnerbergalm – Tiefrastenhütte am gleichnamigen See – retour

Anfahrt: Vintl – Terenten – Winnebachtal

Ausgangspunkt: Parkplatz Winnebachtal

Orientierung und Schwierigkeit: für gehgewohnte Wanderer leicht und problemlos; teilweise etwas steil

Einkehrmöglichkeit: ja

Beste Jahreszeit: Sommer

Wanderkarten 1:50.000: Kompass, Blatt 56 (Brixen); Freytag-Berndt, Blatt S 4 (Sterzing – Jaufenpass – Brixen) – **1:25.000:** Tabacco, Blatt 033 (Bruneck und Umgebung)

km 10,1 km | 4 Std. | 897 m

Die bekannte Tiefrastenhütte, das Ziel dieser Bergwanderung, liegt an einem glasklaren, von Fischen bewohnten Gewässer. Der von markanten Berggipfeln überragte und von Blockwerk und kleinen Grashängen umrahmte Tiefrastensee ist rund 120 Meter lang und 70 Meter breit.

An der Stelle der heutigen Schutzhütte hatte schon 1912 die Sektion Brixen des Deutschen und Österreichischen Alpenvereins eine vom bergbegeisterten Brixner Kaufmann Fritz Walde finanzierte und daher nach ihm benannte Schutzhütte errichtet. Diese brannte 1944 ab, und 1978 eröffnete die Sektion Brixen des Südtiroler Alpenvereins die heutige Hütte, die schon bald zu einem beliebten Wanderziel wurde, zumal sie nicht nur an einem Bergsee liegt, sondern auch einen landschaftlich sehr schönen Zugang besitzt.

Vom Ausgangspunkt in 1400 Meter Höhe wandern wir zunächst durch das grüne Winnebachtal den rauschenden Bergbach entlang mäßig steil talein. Unweit des Weges liegt der Hexenstein, ein Felsblock mit zahlreichen sogenannten Schalen, und dann kommt jenseits des Baches die Astnerbergalm mit ihrem Ausschank.

Von da an geht es bald durch Lärchenbestände und Grashänge steil hinauf zu einem ebenen, außerordentlich idyllischen Hochtälchen mit saftigem Graswuchs, rauschendem Bergbach und einer malerischen Hütte, und danach wird die Vegetation alpiner und das Gelände steiniger. Doch plötzlich erscheint oben auf einem Vorsprung die Hütte, und nach einem letzten »Stich« ist man am Ziel.

Dem tüchtigen Bergsteiger bieten sich hier vor allem zwei Gipfel an, die Hochgrubachspitze, ein schlanker, 2809 Meter hoher Felsberg, der sich von unten al-

Die Astnerbergalm am Weg zum Tiefrastensee

Sonnenröschen an unserem Weg

lerdings eher unscheinbar ausnimmt, und die 2704 Meter hohe Kempspitze, ein mit breiter Flanke östlich der Hütte aufragender Gipfel. Doch wir begnügen uns mit dem Erreichen des Schutzhauses und des gleichnamigen Sees. Denn dieser Aufstieg ist nicht gerade besonders kurz und bequem, und im Übrigen ist er eine der lohnendsten Wanderungen, die man in der vielgestaltigen Bergwelt der Pfunderer Berge unternehmen kann.

Wegverlauf: Anfahrt von Terenten im Pustertal ostwärts zur Straßenbrücke beim Weiler Ast und auf schmaler Straße hinauf zum Parkplatz im Winnebachtal (1425 m; zu Fuß hierher ab Terenten 1½ Std.). Vom Parkplatz nun auf Güterweg 23 talauf zur Astnerbergalm (1630 m; Ausschank), ein Stück auf dem Güterweg und dann auf Fußweg (stets Markierung 23) zunächst über steile, schütter bewaldete Hänge, dann über die Huberwiese empor zu einer Hirtenhütte und von da zunächst mäßig und dann wieder stärker ansteigend hinauf zur Tiefrastenhütte (2312 m; Sommerbewirtschaftung) am gleichnamigen Bergsee; ab Parkplatz 2½ Std. – Der Abstieg erfolgt auf dem Anstiegsweg in gut 1½ Std.

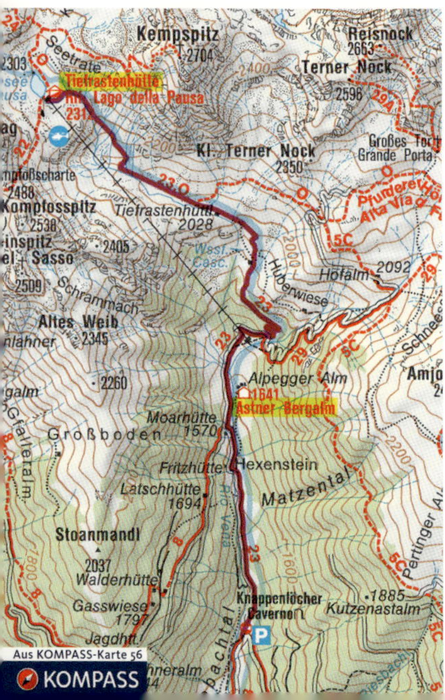

Aus KOMPASS-Karte 56
KOMPASS

Auf den Schönberg 2273 m

Leichte Gipfeltour bei Weißenbach im Ahrntal

Schönberghütte und Schönberg bei Weißenbach

Die Wanderung im Überblick: Weißenbach – Schönbergalm – Schönberg – retour

Anfahrt: von Luttach im Ahrntal abzweigend nach Weißenbach

Ausgangspunkt: Weißenbach

Orientierung und Schwierigkeit: für gehgewohnte und etwas berggeübte Wanderer leicht und problemlos

Einkehrmöglichkeiten: Ja

Beste Jahreszeit: Sommer – Frühherbst

Wanderkarten 1:50.000: Kompass, Blatt 82 (Taufers – Ahrntal); Freytag-Berndt, Blatt 152 (Mayrhofen – Zillergrund – Ahrntal) – **1:25.000:** Tabacco, Blatt 036 (Sand in Taufers)

km 13,8 km · 5 Std. · 939 m

Der Schönberg-Gipfel

Einer der weder besonders hohen noch vergletscherten, dennoch aber lohnenden und leicht ersteigbaren Gipfel der Ahrntaler Bergwelt ist der Schönberg, der sich nordseitig über Weißenbach im gleichnamigen, bei Luttach vom Haupttal westseitig abzweigenden Seitental erhebt.

Im unteren Teil der sonnseitigen Hänge des Berges befinden sich etliche verstreute Bauernhöfe inmitten steiler Wiesen, darüber dehnen sich Waldhänge aus, dann kommt die Alm- und Zwergstrauchzone und zuletzt ragt der kleine, aus hellem Kalkfels gebildete und damit nicht nur weithin auffallende, sondern auch geologisch interessante Gipfel auf. Er ist unser Ziel.

Der Höhenunterschied, der ab Weißenbach zu bewältigen ist, beträgt zwar nahezu 950 Meter, aber nach gut anderthalbstündigem Aufstieg, bei dem wir teilweise zwischen dem alten steilen Fußpfad und dem neueren bequemen Forstweg wählen können, bietet die hübsche Schönbergalm Rast und Einkehr. Und der restliche knapp anderthalbstündige Aufstieg über die Kaserle-Oberhütten stellt für gehgewohnte Bergwanderer auch kein Problem dar.

Die letzten Meter zum Gipfelkreuz führen etwas ausgesetzt über einen Felsgrat, die Stelle ist aber durch ein Halteseil entschärft worden und darf als absolut unschwierig eingestuft werden, zumal sie auch nicht steil ist. Und den höchsten Punkt schmückt ein hübscher blühender Fleck alpinen Rasens.

Dort verdient vor allem der Anblick der nahen Gletscher und Hochgipfel im Bereich des Schwarzensteins und des Löfflers besondere Erwähnung, aber ebenso der Tiefblick auf Luttach und übers Ahrntal sowie die Schau zur Venedigergruppe und zur Rieserfernergruppe. Selbst die so kühn in fast 3000 Meter Höhe gelegene Schwarzensteinhütte ist von unserem Standort aus gut sichtbar.

Dass der Schönberg schon seit Jahrhunderten ein Gipfelkreuz trägt und demnach wohl auch schon zu einer Zeit bestiegen wurde, als es den Alpintourismus im heutigen Sinne noch nicht gab, wird durch den Umstand bewiesen, dass er bereits im 1774 erschienenen Atlas Tyrolensis unter der Bezeichnung »Schönberger Creüz Berg« eingetragen ist.

Wegverlauf: Von der Ortsmitte in Weißenbach (1334 m; hierher von Luttach im Ahrntal abzweigende Straße) der Markierung 5 und Beschilderung »Schönberg« folgend auf der am Sonnenhang leicht ansteigend talaus führenden Höfezufahrt in etwa 10 Minuten zum Bruggerhof und dann bald nach Belieben auf dem Forstweg oder auf dem steilen alten Fußweg durch die Waldhänge hinauf zur Schönbergalm (1792 m; Ausschank, ab Weißenbach etwa 1½ Std.). Nun auf Steig 5 durch schütterer werdenden Wald zur Baumgrenze und zu den Kaserle-Oberhütten (2164 m), rechts die felsdurchsetzten Grashänge querend zu einer kleinen Gratsenke und am kurzen, seilgesicherten Felsgrat unschwierig zum Gipfelkreuz (2273 m). Ab Weißenbach knapp 3 Std. – Der Abstieg erfolgt über die beschriebene Aufstiegsroute in ca. 2 Std.

35

Zsigmondy-Comici-Hütte und Eissee

Im Bann der Sextner Bergsonnenuhr

Die Zsigmondy-Comici-Hütte unter dem Zwölferkofel

Die Tour im Überblick: Fischleinboden – Talschlusshütte – Zsigmondyhütte – Eissee – retour

Anfahrt: Innichen – Sexten – Moos

Ausgangspunkt: Fischleinboden

Orientierung und Schwierigkeit: für einigermaßen berg- und gehgewohnte Wanderer leicht und problemlos; manche Wegstelle aber steil und steinig

Einkehrmöglichkeit: ja

Beste Jahreszeit: Sommer

Wanderkarten 1:50.000: Kompass, Blatt 58 (Sextner Dolomiten); Freytag-Berndt, Blatt S 3 (Pustertal – Bruneck – Drei Zinnen) – **1:25.000:** Tabacco, Blatt 010 (Sextner Dolomiten)

km 13,7 km | 5 Std. | 872 m

■ Ein Teil der Sextner Dolomiten wird, von Norden gesehen, von den Gipfeln der berühmten »Sextner Bergsonnenuhr« gebildet. Sie heißen Neuner, Zehner (Rotwand), Elfer, Zwölfer und Einser.

Am Nordfuß dieser Gipfelreihe zieht das Fischleintal von Moos hinein zum Talschluss mit der gleichnamigen Gaststätte, und hoch oben steht an einer besonders schönen Stelle die Zsigmondy-Comici-Hütte, die im deutschen Sprachgebrauch meist nur Zsigmondyhütte genannt wird.

Es war der Österreichische Alpenklub, der hier auf den Hochweiden der Oberbachernalm bereits 1886 die erste Schutzhütte errichtete und nach Emil Zsigmondy benannte. Dieser – er zählte zu den wagemutigsten Bergsteigern jener Zeit und machte auch in den Sextner Dolomiten schwierige Begehungen – war erst ein Jahr zuvor im jugendlichen Alter von 24 Jahren in den französischen Alpen zu Tode gestürzt.

Im Kampfgeschehen des Ersten Weltkrieges wurde die Hütte dann in Trümmer geschossen, doch 1929 von der Sektion Padua des italienischen Alpenklubs wieder aufgebaut; und später fügte man dem Hüttennamen auch den Namen des 1940 ebenfalls tödlich abgestürzten Extremkletterers Emilio Comici hinzu.

Der erste Teil unseres Weges zur Zsigmondyhütte wird vor allem vom spitzen Einserkofel beherrscht, doch je höher wir steigen, desto stärker dominieren Elfer und Zwölfer, beide über 3000 Meter hoch. Und dazu lugt die Hochbrunnerschneide, auch sie ein Dreitausender, weiter hinten zwischen vorgelagerten Felswänden hervor.

So bildet die Zsigmondyhütte ein beliebtes Wanderziel inmitten blühender Grashänge und im Anblick einer großartigen Hochgebirgsarena. Darüber hinaus ist

Der kleine Eissee unweit der Zsigmondyhütte; im Hintergrund der Einser

sie natürlich auch ein wichtiger Stützpunkt für die Felskletterer und die Begeher weitläufiger Höhenwege.

Wir aber, denen die Felswände zu schwierig und die Höhenwege zu lang sind, wir spazieren von der Hütte hinüber zum kleinen malerischen Eissee, der den Elfer, Zwölfer und Einser widerspiegelt und nach kalter Bergnacht vielleicht auch eine dünne Eisdecke trägt – eben um seinem Namen gerecht zu werden.

Wegverlauf: Vom Fischleinboden im gleichnamigen Sextner Seitental (1454 m, Straße von Moos herein; Parkplätze, Gastbetriebe) in ½ Std. auf dem breiten Talweg nahezu eben hinein zur Talschlusshütte (1540 m; Gaststätte); nun auf dem Weg 102/103 im Altensteintal kurz hinauf bis zu Wegteilung mit Hinweisschildern (gerade weiter geht es zur Dreizinnenhütte), hier links ab, auf dem unschwierigen Weg 103 über den Bach und hoch über dem engen Bacherntal durch lichte Baumbestände, Krummholz und freie Hänge großteils mittelsteil, stellenweise auch ziemlich steil hinauf zur Zsigmondyhütte (2224 m; Sommerbewirtschaftung); ab Fischleinboden gut 2½ Std. – Abstecher zum Eissee (2326 m): Vom Schutzhaus auf Weg 101/103 zuerst nahezu eben einen Grashang querend und dann über Schutt leicht ansteigend zu Wegteilung und links mit wenigen Schritten zum Ziel; ab Hütte 15 Minuten – Abstieg: wie Aufstieg in gut 2 Std.

Aus KOMPASS-Karte 58
KOMPASS

Bödenseen und Dreizinnenhütte 2405 m

Von Sexten ins Reich der berühmten Drei Zinnen

Bödensee gegen das Dreischustermassiv

Die Wanderung im Überblick: Fischleinboden in Sexten – Talschlusshütte – Bödenseen – Dreizinnenhütte – retour

Anfahrt: von Innichen nach Moos im Sextental und rechts ins Fischleintal

Ausgangspunkt: Fischleinboden

Orientierung und Schwierigkeit: für Gehgewohnte mit Bergerfahrung leicht und problemlos, teilweise aber steil und steinig

Einkehrmöglichkeiten: ja

Beste Jahreszeit: Sommer – Frühherbst

Wanderkarten 1:50.000: Kompass, Blatt 58 (Sextner Dolomiten); Freytag-Berndt, Blatt S 3 (Pustertal – Bruneck – Drei Zinnen) – **1:25.000:** Tabacco, Blatt 010 (Sextner Dolomiten)

km 13,2 km · 5 – 6 Std. · 951 m

Die Drei Zinnen mit dem gleichnamigen Schutzhaus

■ Die Dreizinnenhütte gehört zu den besonders beliebten Wanderzielen der Sextner Dolomiten, und dank ihrer einmaligen Lage den berühmten Drei Zinnen gegenüber auch zu schönstgelegenen.

Von den auf mehreren Seiten zur Hütte führenden Zugängen wählen wir jenen von Sexten herauf, der am Fischleinboden im gleichnamigen Sextner Seitental beginnt.

Das erste Stück durch das von den prächtigen Bergen der Sextner Dolomiten umrahmten Fischleintal bis hinein zur Talschlusshütte, die auch ein beliebtes Ziel für Spaziergänger ist, verläuft fast völlig eben durch blühende Grasböden und schöne Waldbestände, mit dem Blick zu dem wie eine Pfeilspitze in den Himmel ragenden Einserkofel.

Dann freilich steigt der Weg immer stärker an, aber wenn man beim Aufstieg durch das wildromantische, steile Altensteintal nicht hastet, wird man beeindruckt sein von der wilden Schönheit der umliegenden Bergwelt, vom hübschen Altensteiner Wasserfall und schließlich von den malerischen Bödenseen.

Von einer Reihe der prächtigsten Sextner Felsgipfeln umgeben, die sich im blauen Wasser widerspiegeln, gehören diese inmitten grüner Grasmatten gelegenen Bergseen zu den schönsten stehenden Gewässern des Pustertals.

Von den Seen ist man dann in wenigen Minuten oben im Sattel mit der Dreizinnenhütte, und hier steht man den unvergleichlichen Drei Zinnen mit ihren mauerglatten, überhängenden Nordwänden gerade gegenüber, überwältigt von dieser einzigartigen Schöpfung der Natur und einer der weltweit bekanntesten und unverwechselbarsten Bergformation.

Hier am Toblinger Riedl, dem Sattel zwischen dem Fischleintal im Osten und dem Höhlensteintal im Westen, wird einem bewusst, warum die Sektion Hochpustertal des Deutschen und Österreichischen Alpenvereins gerade diesen Platz für ihre erste, im Sommer 1883 eröffnete Dreizinnenhütte – übrigens war dies auch die erste Schutzhütte der Dolomiten – auswählte.

Der Erste Weltkrieg mit seiner Dolomitenfront brachte das Ende jener erste Hütte, und das heutige Haus wurde dann 1936 durch die Sektionen von Padua und Bozen des italienischen Alpenklubs errichtet, während die nahe Gedenkkapelle für die Toten der Berge im Jahr 1959 erbaut wurde.

➡ **Wegverlauf:** Vom Fischleinboden im gleichnamigen Sextner Seitental (1454 m, Straße von Moos herein; Parkplätze; hier das Hotel Dolomitenhof) in ½ Std. auf dem Talweg hinein zur Talschlusshütte (1540 m; Gaststätte), von da auf dem Weg 102 durch das wildschöne Altensteintal am Fuß der Einserkofel-Nordwand südwestlich hinauf zu den zwei oberen Bödenseen und bald darauf zur großen Dreizinnenhütte am Toblinger Riedl (2405 m; Sommerbewirtschaftung); ab Fischleinboden 3 Std. – Abstieg: wie Aufstieg, 2 ½ Std.

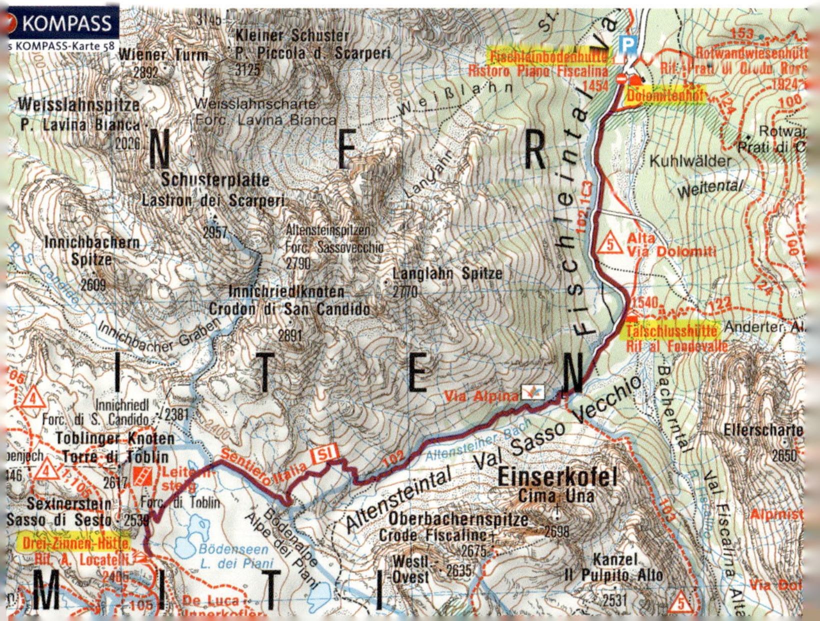

Zu den Spronser Seen

Rundtour für Geübte in der Texelgruppe

Der Spronser Langsee im Naturpark Texelgruppe

Die Tour im Überblick: Leiteralm – Hochganghaus – Hochgang – Spronser Seen – Oberkaser – Taufenscharte – Leiteralm

Anfahrt: vom Etschtal oder aus dem Vinschgau nach Algund und Vellau

Ausgangspunkt: Vellau

Orientierung und Schwierigkeit: an sich nicht schwierige Bergtour, die aber dennoch Ausdauer, Bergerfahrung und Trittsicherheit erfordert

Einkehrmöglichkeiten: ja

Beste Jahreszeit: Sommer

Wanderkarten 1:50.000: Kompass, Blatt 53 (Meran); Freytag-Berndt, Blatt S1 (Bozen – Meran – Sarntal) – **1:25.000:** Tabacco, Blatt 011 (Meran und Umgebung)

km 12,7 km | 6 – 7 Std. | 1000 m

■ Bei dieser Tour steigen wir hinauf zu den Spronser Seen und somit in den Naturpark Texelgruppe, der nordwestlich von Meran einen Teil der Ötztaler Alpen umfasst und zu den eindrucksvollsten Berggebieten Südtirols zählt.

Der lange Fußmarsch beginnt oberhalb Vellau an der Leiteralm, die wir mit einem Korblift erreichen. Von dort geht es hinüber zum grünen Boden mit dem Hochganghaus, dann erklimmen wir über einen steilen Bergpfad die felsige Kammscharte namens Hochgang, und dort betreten wir den Bereich der Spronser Seenplatte.

In eine urweltliche, von der unverwechselbaren Berggestalt des 3000 Meter hohen Tschigat und anderen markanten Felshäuptern beherrschte Gebirgslandschaft gebettet, bilden die insgesamt zehn Spronser Seen nicht nur das besondere Glanzstück der Texelgruppe, sie bilden auch die größte Seengruppe Südtirols.

Es ist ein ziemlich ausgedehntes Gebiet, auf das sie sich verteilen, und zwischen den untersten, noch mitten im Spronser Almgelände liegenden und den obersten, bereits im weitgehend vegetationslosem Felsgelände befindlichen Seen liegt ein Höhenunterschied von nahezu 500 Metern.

Das Hochganghaus am Weg zu den Spronser Seen

Wer sie alle kennenlernen will, muss vom Hochgang zuerst hin aufsteigen zu den beiden Milchseen und dann nach längerem Abstieg nochmals hinauf zu Schiefersee, Kesselsee und Schwarzsee.

Unser Hauptweg berührt diese fünf Seen allerdings nicht. Er führt uns vom Hochgang zuerst hinunter zum rund einen Kilometer langen, fast 300 Meter breiten und an die 35 Meter tiefen Langsee, den größten und eindrucksvollsten der Spronser Seen. Dann weiter hinab zum stattlichen Grünsee, den zweitgrößten, und schließlich, vorbei an dem nur sehr kleinen Mückensee, zum Kasersee und Pfitscher See, den beiden untersten und ebenfalls nicht gerade großen, aber dennoch hübschen Gewässern.

Pfitscher See und Spronser Oberkaser

Damit lernen wir zwar, wie gesagt, nur fünf der zehn Spronser Seen kennen, aber die Rundtour ist auch so schon lang genug; der Besuch auch der abseits des Hauptweges liegenden Seen würde sie jedenfalls um immerhin rund drei Stunden verlängern.

Im Bereich der untersten Seen bietet die Oberkaser Einkehrmöglichkeit in grüner Almgegend, und da legen wir wohl gern Rast ein, bevor wir hinüber wandern zu mehreren beachtenswerten, aber kaum beachteten Schalensteinen, dann in langer Hangquerung weiter zur schmalen Taufenscharte, um schließlich in steilem Abstieg zur Leiteralm zurückzukehren.

➡ **Wegverlauf:** Anfahrt von Plars bei Algund entweder mit dem Auto oder mit dem Sessellift nach Vellau und mit dem Korblift weiter hinauf zur Leiteralm (1522 m, Gaststätte). Von da auf Weg 24 ein gutes Stück hinauf und dann die Waldhänge querend hinüber zum bewirtschafteten Hochganghaus (1839 m); ab Leiteralm knapp 1½ Std. Vom Schutzhaus nun auf Steig 7 zuerst über Grashänge und kurz durch Wald, dann aber teilweise in steilem Fels (stellenweise ausgesetzt, mit Ketten versehen) empor zum Hochgang (2455 m; ca. 1½ Std.) und jenseits auf dem Steig 7 eben und leicht ansteigend nordwärts zu Wegteilung (links Abstecher zu den Milchseen, 2540 m, möglich, ½ Std.). Nun rechts auf Steig 22 hinab zum Langsee (2377 m) und zum Grünsee (2338 m; Abstecher zu den drei nördlichsten Seen möglich, bis Schwarzensee, 2589 m, 1 Std.) und weiter talab (rechts der kleine Mückensee) zur Oberkaser (Alm mit Ausschank, 2131 m). Von da kurz weiter, bei Weggabel rechts ab, auf Steig 25 am Kasersee und am Pfitscher See vorbei zum kleinen Pfitscher Jöchl (hier die Schalensteine), auf Steig 25 abwärts und eben weiter bis zu Wegteilung, rechts bleibend hinauf in die Taufenscharte (2195 m) und südseitig (stets Steig 25) steil hinunter zum Weg 24 und zur Leiteralm.

Hoch über Vernuer im Passeiertal

Über die Obisellalm auf die Hochwart

Der Obisellsee auf der gleichnamigen Alm; im Hintergrund der Hirzer

Die Wanderung im Überblick: Vernuer – Alm und See Obisell – Hochwart – Vernuer

Anfahrt: von Meran ins äußere Passeiertal und hinauf nach Vernuer

Ausgangspunkt: Vernuer

Höhenunterschied: bis zu Alm und See ca. 770 m, bis auf die Hochwart 1065 m

Gesamtgehzeit: je nach Ziel ca. 5 bzw. 7 Std.

Orientierung und Schwierigkeit: für gehgewohnte und einigermaßen bergerfahrene Wanderer leicht und problemlos

Einkehrmöglichkeiten: ja

Beste Jahreszeit: Sommer bis Frühherbst

Wanderkarten 1:50.000: Kompass, Blatt 53 (Meran); Freytag-Berndt, Blatt S 8 (Passeier – Timmelsjoch – Jaufen) – **1:25.000:** Tabacco, Blatt 011 (Meran und Umgebung)

km 12,2 km | 7 Std. | 1065 m

■ Dies ist eine Wanderung auf der Westseite des äußeren Passeiertals. Sie führt uns hinauf zum Obisellsee (auch Obesell geschrieben), einem überaus hübschen, von Grasmatten und Blockwerk umgebenen Berggewässer, in dessen unmittelbarer Nähe sich eine Almhütte mit Einkehrmöglichkeit befindet. Das Ganze liegt rund 2150 Meter hoch, sehr sonnig, windgeschützt und aussichtsreich.

Wer hier noch Lust auf eine leichte Gipfelbesteigung verspürt, findet in der nahen Hochwart ein lohnendes, gut 2450 Meter hohes Wanderziel. Doch davon später.

Zunächst einmal beginnen wir unsere Tour an den mit dem eigenen Kraftfahrzeug erreichbaren, hoch über dem Tal liegenden Öbersthöfen (Gastbetriebe mit Parkplatz) im Bergweiler Vernuer. Hier befinden wir uns auf immerhin fast 1400 Meter Höhe, aber der Aufstieg durch den wildschönen obersten Teil des Saltauser Tales beträgt bis zum See dennoch an die zweieinhalb Stunden.

Die Hochwart über dem Obisellsee

Daher wird man es vielleicht mit einer Umrundung des Sees und dem Besuch der Alm bewenden lassen, zumal ja auch noch der Abstieg zu bewältigen ist.

Freilich, der Gipfelfreund wird der Anziehungskraft, die das Kreuz auf der erwähnten Hochwart ausübt, vielleicht nicht widerstehen können und den knapp einstündigen Aufstieg auf einem recht guten und jedenfalls völlig gefahrlosen Pfad nicht scheuen.

Das Erfolgserlebnis des Gipfelsieges und das herrliche Panorama, in dem so bekannte Gipfel herausragen wie Tribulaun, Hochfeiler, Hirzer, Ifinger, Marmolata, Rosengarten, Königsspitze und Ortler, lohnen reichlich die nicht allzu große Mühe des Aufstiegs.

Doch das ist kein Muss. Und auch wer die Zeit nur damit verbringt, am Obisellsee den munteren Enten zuzuschauen oder ganz einfach ein paar Stunden zu verträumen, wird mit der Tour ins Bergreich von Obisell mehr als zufrieden sein.

Wildenten auf dem Obisellsee

Wegverlauf: Anfahrt auf der zwischen Riffian und Saltaus von der Passeirer Talstraße abzweigenden Vernuerer Straße den Schildern »Vernuer« und »Öberst« folgend hinauf zum Parkplatz bei den Gasthöfen Unter- und Oberöberst (1387 m). Nun dem Wegweiser »Obisell-Alm« folgend auf breitem Forstweg in nahezu ebener Waldquerung nordwestwärts hinein ins steile Saltauser Tal, dann auf Weg 5 durch steile Hänge empor zur unteren Obisell-Alm (2002 m) und weiterhin auf Steig 5 empor zur oberen Alm (2160 m; Ausschank) am gleichnamigen See; ab Parkplatz knapp 2 ½ Std. – Auf die Hochwart (2452 m): Von der Alm auf einem großteils recht guten Bergsteig (auch Steinmänner) über fels- und grasdurchsetzte Hänge mittelsteil südwärts hinauf zu einem Gratjöchl und am begrasten Rücken kurz weiter zum Gipfelkreuz (2452 m; ab Alm ca. 1 Std.). – Abstieg: Über die beschriebene Aufstiegsroute.

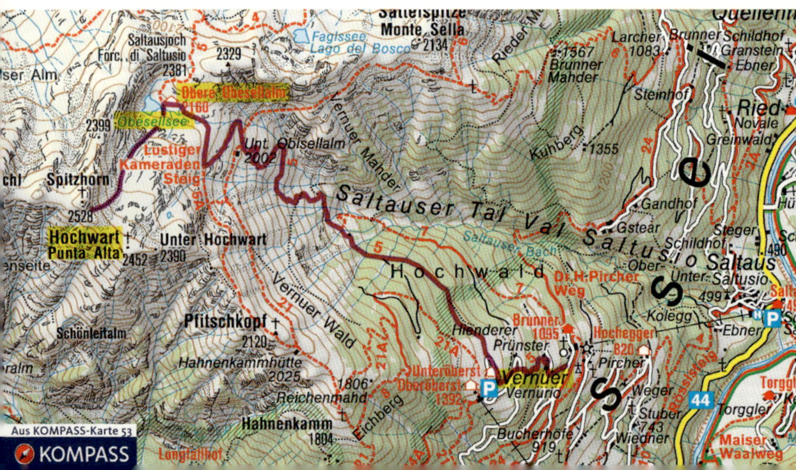

Kofelraster Seen und Hoher Dieb 2720 m

Bergwanderziele hoch über Kuppelwies in Ulten

Kofelraster Alm und Hoher Dieb

Die Tour im Überblick:
Steinrast – Kofelraster Alm – Kofelraster Seen – Hoher Dieb – retour

Anfahrt: von Lana nach Kuppelwies im Ultental und dort abzweigend zur Almschenke Steinrast

Ausgangspunkt: Almschenke Steinrast

Orientierung und Schwierigkeit:
lange Tour, aber für berggewohnte Geher leicht und problemlos

Einkehrmöglichkeiten: ja

Beste Jahreszeit:
Sommer – Frühherbst

Wanderkarten 1:50.000:
Kompass, Blatt 53 (Meran); Freytag-Berndt, Blatt S 13 (Ultental) – **1:25.000:** Tabacco, Blatt 042 (Ultental)

km 11,2 km — 5 – 6 Std. — 1020 m

Der südliche der beiden Kofelraster Seen

■ Der Hohe Dieb ist ein ausgeprägter, nicht schwierig zu besteigender Berg im Grenzkamm zwischen dem Ultental und dem Vinschgau. Er besteht aus dem gegen das Ultental vorgeschobenen Südgipfel mit dem weithin sichtbaren Kreuz und dem geringfügig höheren, aber seltener bestiegenen Nordgipfel.

Unser Berg und sein östlicher Nachbar, die Mutegrubspitze, sind die höchsten Gipfel im gesamten Kammverlauf östlich des Hasenöhrls. Relativ feste Glimmerschiefer und Gneise bilden sogenanntes Gehgelände und ermöglichen ein recht angenehmes Steigen über Grashänge, gestuften Fels und feines bis grobes Blockwerk. Zu Füßen der beiden genannten Berggestalten liegen in einer gewaltigen Bergmulde die beiden Kofelraster Seen, die wir von der Steinrast herauf durch Wald und über die sonnigen Weiden der Kofelraster Alm erreichen und die allein schon ein lohnendes Wanderziel wären.

Doch wer schon einmal bis hierher gewandert ist, wird wohl auch dem Hohen Dieb aufs Haupt steigen wollen. Die umfassende Schau zu den zentralen Ortlerbergen, zu den Ötztaler Hochgipfeln und im Südosten bis zu den Dolomiten lohnt jedenfalls den vergleichsweise geringen Mehraufwand an Zeit und Mühe.

Hinsichtlich der Wasserscheide liegen die Kofelraster Seen eindeutig auf Ultner Seite. Doch der Kammverlauf ist hier stark nach Norden ausgebuchtet, und zieht man auf der Landkarte vom Hohen

Dieb zur Mutegrubspitze eine gerade Linie – und dieser folgt denn auch die Gemeindegrenze –, dann erscheinen die Kofelraster Seen als Vinschgauer Gewässer; und dies entspricht sogar langer historisch-politischer Tradition. Denn bezüglich der Fischereirechte gehörte schon in vergangenen Jahrhunderten zumindest der nördliche See zum Vinschgauer Gericht Kastelbell, und heute liegen sogar beide Seen im Gemeindegebiet von Kastelbell-Tschars.

Ich konnte nicht in Erfahrung bringen, warum unser Gipfel Hoher Dieb heißt, aber wenn man ihn mit der erwähnten Grenzziehung in Zusammenhang bringt, ist der Name zumindest nicht unpassend; denn durch seine Lage hat er möglicherweise dazu beigetragen, dass den Ultnern ihre Seen »entwendet« worden sind.

Wegverlauf: Anfahrt zuerst von Kuppelwies in Ulten auf der Asphaltstraße (7 km) hinauf zu einfachem Parkplatz kurz vor der Gaststätte Steinrast (1710 m; Wegweiser »Kofelrasterseen«). Nun auf Fußsteig 13 ziemlich lange Waldquerung, dann mittelsteil durch Wald und über Almwiesen talauf zu einem ebenen Boden mit Hirtenhütte (2187 m), dann hinauf zur obersten Hütte der Kofelraster Alm (2312 m) und auf dem markierten Steig weiter zum Westufer des südlichen Kofelraster Sees (2405 m, ab Steinrast gut 2 Std.; kurzer Abstecher zum nördlichen Kofelraster See lohnend); dann auf markiertem Steig über die Bergflanke etwas steil empor zum flachen Gipfelgrat des Hohen Dieb und links hinaus zum Südgipfel mit dem Kreuz (ca. 2720 m; ab See knapp 1 Std.); der Hauptgipfel (2730 m) ist ebenfalls unschwierig ersteigbar. – Abstieg: Am besten auf der beschriebenen Aufstiegsroute (knapp 2 ½ Std.).

Sarner Scharte und Villanderer Berg

Zweigipfeltour auf ein mächtiges Felsmassiv

Die Sarner Scharte über der Tengleralm

Die Wanderung im Überblick: Riedlerhof – Sarner Scharte – Villanderer Berg – retour

Anfahrt: vom Sarntal auf der Riedelsberger Höfestraße (Abzweigung etwas südlich von Sarnthein) hinauf zum Parkplatz beim Riedlerhof

Ausgangspunkt: Riedelsberg, Parkplatz beim Riedlerhof

Orientierung und Schwierigkeit: für einigermaßen tüchtige Berggeher unschwierig

Einkehrmöglichkeiten: ja

Beste Jahreszeit: Sommer – Herbst

Wanderkarten 1:50.000: Kompass, Blatt 54 (Bozen); Freytag-Berndt, Blatt S 1 (Bozen – Meran – Sarntal) – **1:25.000:** Tabacco, Blatt 40 (Sarntaler Alpen)

km 11,8 km | 6 – 7 Std. | 1000 m

■ Im Bereich von Sarnthein fällt am Osthang in geringer Höhe die wohl erhaltene Burg Reinegg auf, ein gutes Stück höher breiten sich die Wiesen des Streuweilers Riedelsberg mit einer Reihe von Berghöfen aus, und über all dem ragen die Wände, Kanten und Verschneidungen jenes mächtigen Felsmassivs in den Himmel, dessen höchster Gipfel die Bezeichnung Villanderer Berg trägt, während der südlich vorgelagerte Gipfel als Sarner Scharte bekannt ist. Das bis in das Bozner Becken hinaus sichtbare Gebirge ist aus Porphyrgestein aufgebaut, das in der Abendsonne manchmal glutrot leuchtet.

Zwischen den zwei genannten Gipfeln, die beide ein Kreuz tragen, ist nur ein kleiner, flacher Sattel eingesenkt, während etwas weiter südlich das sogenannte Schartl – auch die Krinn genannt – eingeschnitten ist, ein alter Übergang vom Riedelsberg zu den jenseitigen Almen.

In dieser Scharte steht eine kleine Wetterschutzhütte, deren Vorgängerin bereits im Jahr 1975 errichtet worden ist. Und vor einigen Jahren wurden oben in der felsigen Steilrinne, die zur Senke zwischen Sarner Scharte und Villanderer Berg führt, einige Stahlseile angebracht.

Ich schlage hier aber doch den leichteren, altbekannten Anstieg über die erwähnte Wetterschutzhütte vor und überlasse es geüb-

Das Gipfelkreuz auf dem Villanderer Berg

teren Gehern selbst, sich gegebenenfalls für die Alternativroute zu entscheiden.

Haben wir nun von Riedelsberg ausgehend und vorbei an der Almschenke Tengler in zwar steilem, aber problemlosem Aufstieg das erwähnte Schartl erreicht, ist die Besteigung der beiden Gipfel Sarner Scharte und Villanderer Berg auf vergleichsweise kurzer, gut markierter Route fast als Spaziergang zu bezeichnen. Denn im Gegensatz zur Westflanke fallen die ostseitigen, teilweise grasbewachsen Hänge nur mäßig steil ab und bilden das, was man unter »Gehgelände« versteht.

➡ **Wegverlauf:** Vom Parkplatz beim Riedlerhof (ca. 1510 m) auf Weg 3 durch Wiesengelände in 15 Minuten hinauf zum Almschank Tengler (1628 m) und weiterhin auf Weg 3 durch Wald, Blockwerk und felsiges Gelände großteils steil, aber unschwierig empor ins Schartl (2380 m; dort eine Wetterschutzhütte); nun links der Markierung 2 folgend am Grat unschwierig hinauf zum Gipfelkreuz auf der Sarner Scharte (2460 m; ab Ausgangspunkt knapp 3 Std.), am Nordrücken kurz hinunter in eine Senke, auf der markierten Route kurz hinauf zum Ostrücken des Villanderer Berges und links zum nahen Gipfel (2509 m; ab Ausgangspunkt knapp 3½ Std.). – Abstieg: Entweder wie Aufstieg (etwa 2½ Std.) oder – für Geübte – auf folgender Route: Zurück zur Senke zwischen den beiden Gipfeln, von da westseitig durch die steile, aber mit Stahlseilen entschärfte Rinne hinab, der Markierung folgend weiter hinunter zur Einkehrstätte Waldrast (1756 m) und auf Weg 3 A die Waldhänge in leichtem Abstieg querend zurück zu den obersten Riedelsberger Höfen und zum Ausgangspunkt; ab Gipfel ca. 3 Std.

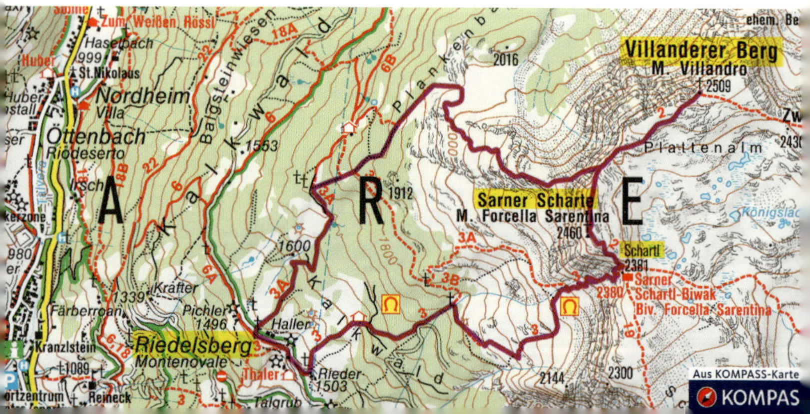

Burgumer Alm und Sterzinger Hütte 2344 m

Wanderung von Pfitsch in ein einsames Almtal

Die Sterzinger Hütte im Pfitschtal gegen die Wilde Kreuzspitze

Die Wanderung im Überblick: Burgum – Burgumer Alm – Sterzinger Hütte – retour

Anfahrt: von Sterzing ostwärts ins Pfitscher Tal und hier bis zum Weiler Burgum

Ausgangspunkt: Burgum im Pfitschtal

Orientierung und Schwierigkeit: für einigermaßen gehgewohnte Wanderer leicht und problemlos

Einkehrmöglichkeiten: ja

Beste Jahreszeit: Sommer – Frühherbst

Wanderkarten 1:50.000: Kompass, Blatt 44 (Sterzing); Freytag-Berndt, Blatt S 4 (Sterzing – Jaufenpass – Brixen) – **1:25.000:** Tabacco, Blatt 037 (Hochfeiler – Pfunderer Berge)

km 8,3 km | 5 Std. | 972 m

Sonnenuntergang – von der Sterzinger Hütte aus

■ Diese Schutzhütte befindet sich hoch oben im kleinen, vom Pfitschtal abzweigenden Burgumer Tal, das zunächst schmal und dicht bewaldet, in höherer Lage aber breiter und von den Grashängen der Burgumer Alm gekennzeichnet ist. Und darüber erhebt sich die 3135 Meter hohe, zweigipfelige Wilde Kreuzspitze, der höchste Berg der Pfunderer Gebirgsgruppe und ein beliebtes Tourenziel für tüchtige Geher.

Die Sterzinger Hütte ist ein wichtiger Stützpunkt für die Besteigung dieses Gipfels, sie kann als Rastort und Nächtigungsstelle in die Begehung des Pfunderer Höhenweges eingebunden werden und sie liegt am Übergang vom Pfitschtal zur Brixner Hütte drüben auf der Valser Seite.

Doch wir wandern nur bis zur Alm und zur Hütte und erfreuen uns an der naturbelassenen Schönheit des Gebietes. Dieses ist nicht überlaufen, und deshalb hat sich die Sterzinger Hütte noch nicht zu einem großen Schutzhaus entwickelt, sondern ist so geblieben, wie sich dies viele Bergwanderer wünschen – klein und heimelig.

Die Hütte liegt zwar ein gutes Stück oberhalb der Burgumer Alm und bietet einen weiten freien Ausblick nach Westen, doch breitet sich auch hier noch der alpine Rasen aus, und der langgezogene grüne Boden, auf dem sie steht, hat sogar schon vor Jahrtausenden mittelsteinzeitliche Jäger zur Rast eingeladen, wie unlängst getätigte Silexfunde belegen.

Die Sterzinger Hütte wurde 1890 von der Sektion Sterzing des Österreichischen Touristenklubs erbaut, später folgten längere Phasen der Nichtbewirtschaftung, doch 1980 wurde sie durch die Sektion Sterzing des Südtiroler Alpenvereins als lohnendes Wanderziel und wichtiger Stützpunkt in den nördlichen Pfunderer Bergen in Betrieb genommen – wie erwähnt in einer stillen und naturbelassenen Alm- und Berglandschaft.

Der »Regenstein« am Weg zur Sterzinger Hütte

Wegverlauf: Vom Weiler Burgum im Pfitschtal (1372 m) stets auf Weg 2 großteils mittelsteil durch das bewaldete Burgumer Tal südostwärts hinauf zu den ersten Bergwiesen (auf der gegenüberliegenden Seite liegen die Hütten der Burgumer Alm, 1996 m; ab Ausgangspunkt knapp 2 Std.) und schließlich durch die ostseitigen Grashänge, vorbei an einigen Heuhütten, weiter empor zur Sterzinger Hütte (2344 m; Sommerbewirtschaftung); ab Burgum 3 Std. – Abstieg: Über den beschriebenen Aufstiegsweg in 2 Std.

Radlsee und Königsangerspitze 2436 m

Berühmte Wanderziele westlich über Brixen

Am Gipfel der Königsangerspitze

Die Wanderung im Überblick: Perlungerhof – Radlsee – Radlseehaus – Königsangerspitze – retour

Anfahrt: von Brixen zum Dorf Tils und weiter zum Parkplatz am Perlungerhof

Ausgangspunkt: Perlungerhof oberhalb Tils

Orientierung und Schwierigkeit: für gehgewohnte Bergwanderer in jeder Hinsicht leicht und problemlos

Einkehrmöglichkeiten: ja

Beste Jahreszeit: Sommer – Frühherbst

Wanderkarten 1:50.000: Kompass, Blatt 56 (Brixen); Freytag-Berndt, Blatt S 4 (Sterzing – Jaufenpass – Brixen) – **1:25.000:** Tabacco, Blatt 030 (Brixen – Villnöß)

km 11,9 km | 5 Std. | 1056 m

■ Von all den Naturseen des Eisacktales gehört der Radlsee zu den schönstgelegenen und bekanntesten. Und geradezu berühmt ist der Prachtblick zum Peitlerkofel, zu den Geislerspitzen und zur Langkofelgruppe.

Außerdem wissen die alten Volksüberlieferungen, dass er unergründlich tief sei. Dies allerdings stimmt nicht, denn eine vor Jahren von Brixner Tauchern durchgeführte Messung ergab, dass er nur rund fünf Meter tief ist.

Nach wie vor nicht restlos geklärt ist hingegen trotz verschiedener Vermutungen die Herkunft des Namens. Und da hilft auch die Sage nicht weiter, wonach einst ein Wagenrad im See versunken und drüben im Durnholzer See wieder aufgetaucht sei.

Am Sonnenhang etwas oberhalb des Sees befindet sich das Radlseehaus, eine stattliche Schutzhütte mit herrlichem Blick zu den Dolomiten und rund hundertjähriger Geschichte. Sie wurde nämlich bereits 1912 von einem Brixner namens Anton Mayr erbaut. Später wurde sie zwar ein Raub der Flammen, doch der Südtiroler Alpenverein baute sie 1956 wieder auf. Und seither erfreut sie sich großer Beliebtheit.

Wer auf dem hier vorgeschlagenen Weg – oder auf einem der anderen möglichen, unschwer der Karte zu entnehmenden Wege – den See und das Schutzhaus erreicht hat, ist zwar an einem überaus

Der Radlsee mit dem gleichnamigen Schutzhaus gegen die Geislerspitzen

Frühlingsanemone am Weg zum Radlsee

lohnenden Wanderziel angelangt, er sollte sich damit aber nicht begnügen. Denn über dem See erhebt sich die in kaum halbstündigem Aufstieg erreichbare Königsangerspitze und mit ihr einer der aussichtsreichsten Gipfel der Sarntaler Alpen.

Und für den Urgeschichtsfreund ist die Königsangerspitze insofern interessant, als im Gipfelbereich durch Funde von prähistorischen Tonscherben der Nachweis erbracht werden konnte, dass der Mensch schon vor Jahrtausenden hier heraufgestiegen ist.

Wegverlauf: Anfahrt von Brixen über Tils bis zu einem Parkplatz nahe dem Perlungerhof (1380 m). Von da nun zu Fuß stets auf Weg 8 teilweise nur mäßig, teilweise aber auch stärker ansteigend durch Nadelwälder hinauf zur Baumgrenze und weiter bergan zum Radlsee, in dessen Nähe das Radlseehaus steht (2284 m; Sommerbewirtschaftung; ab Ausgangspunkt 2 ½–3 Std.). Vom Schutzhaus nun auf dem Steig 7 durch steinige Grashänge und über den unschwierigen Gipfelgrat in ½ Std. hinauf zum Gipfelkreuz der Königsangerspitze (2436 m). – Der Abstieg erfolgt über die beschriebene Aufstiegsroute in gut 2 Std.

Von Tiers zur Grasleitenhütte 2129 m

Wanderung durch das großartige Tschamintal

Die Grasleitenhütte in Tiers, im Hintergrund Antermoiakogel und Seekogel

Die Wanderung im Überblick: Tiers – Tschamintal – Grasleitenhütte – retour

Anfahrt: von Blumau im unteren Eisacktal nach Tiers und St. Zyprian und links hinein nach Weißlahnbad

Ausgangspunkt: Parkplatz im Tierser Talschluss unweit von Weißlahnbad

Orientierung und Schwierigkeit: für gehgewohnte Wanderer leicht und problemlos

Einkehrmöglichkeiten: ja

Beste Jahreszeit: Sommer – Frühherbst

Wanderkarten 1:50.000: Kompass, Blatt 54 (Bozen); Freytag-Berndt, Blatt S1 (Bozen – Meran – Sarntal) – **1:25.000:** Tabacco, Blatt 029 (Schlern – Rosengarten – Latemar – Regglberg)

km 16,8 km | 5 – 6 Std. | 980 m

Der Weg durch das Tschamintal zur Grasleitenhütte; im Hintergrund der Grasleitenturm

■ Wer die Wanderung zur Grasleitenhütte unternimmt, muss nicht unbedingt in aller Herrgottsfrühe losmarschieren; denn das hochalpine Grasleitental, in dem die Hütte liegt, öffnet sich nach Westen und genießt damit viel Nachmittagssonne.

Der Aufstieg führt jedenfalls vom innersten Tierser Tal durch das unbewohnte, landschaftlich großartige Tschamintal, das zu Recht als eines der eindrucksvollsten Hochtäler der Dolomiten gilt.

Die Tschaminklamm, die im äußersten Talbereich tief in den Dolomitfels geschnitten ist, umgehen wir hoch über dem Wildbach, doch später wandern wir meist im Talgrund und durchqueren dabei auch die sogenannten Leger, zwei kleine Almböden, über denen die Felsgestalten der Grasleitenspitzen, des Valbonkogels und der Tschaminspitzen eindrucksvoll aufragen. Streckenweise rauscht neben uns der Talbach, aber ab und zu verschwindet er auch für längere Zeit tief im Boden.

Mit der Waldgrenze erreichen wir schließlich in mittelsteilem Anstieg jene grünen Hänge, die den uralten Namen Grasleiten tragen, und an einer markanten Geländeschulter

liegt das innere Grasleitental mit der gleichnamigen Hütte und den hohen Felsgipfeln vor uns.

Das stattliche, 1887 von der Alpenvereinssektion Leipzig unweit einer Wasserquelle erbaute Schutzhaus wird zwar von grünen Hängen – eben den besagten Grasleiten – umgeben, über diesen aber ragen die senkrechten Felsbastionen der nördlichen Rosengartengruppe auf und tragen so nicht wenig zur Schönheit des Gesamtbildes bei.

Sozusagen am Nordtor der Rosengartengruppe gelegen, ist die Hütte einerseits ein idealer Stützpunkt für Touren in diesem Gebirge, aber andererseits bildet sie mit ihrem unschwierigen Zugang und der landschaftlichen Großartigkeit des Gebietes auch ein prächtiges Wanderziel für jeden durchschnittlich gehgewohnten Bergwanderer.

Wegverlauf: Anfahrt von Tiers nach St. Zyprian, hier links weiter und hinein bis zu einem Parkplatz unweit von Weißlahnbad (ca. 1150 m). Von da geht es nun zu Fuß auf dem ungeteerten Fahrweg kurz talein zum Gasthaus Tschaminschwaige (1173 m), von dort stets den Wegweisern »Grasleitenhütte« und der Markierung 3 folgend in schöner Wanderung teils mäßig ansteigend, teils eben durch das wildromantische Tschamintal hinein zum ersten und zweiten Leger (ausgedehnte Lichtungen), weiter bis in den Talhintergrund, bei Wegteilung rechts auf Weg 3A stärker ansteigend hinauf zu einer Geländeschulter, jenseits ganz kurz abwärts und schließlich in ebener Querung der Grashänge zum Schutzhaus (2129 m; 3 Std.). – Abstieg: Über den beschriebenen Aufstiegsweg in 2–2 ½ Std.

Auf den Tullen 2652 m

Leichter Gipfel in den Aferer Geislern

Der Tullen, der höchste Berg der Aferer Geisler

Die Tour im Überblick:
Zans – Tullen – Kofelwiese – Zans

Anfahrt: von der Brenner-Staatsstraße zwischen Brixen und Klausen abzweigend durch das Villnößtal bis Zans

Ausgangspunkt: gebührenpflichtige Parkplätze in Zans

Orientierung und Schwierigkeit: für berggewohnte und ausdauernde Geher leicht und problemlos

Einkehrmöglichkeiten: ja

Beste Jahreszeit:
Sommer – Frühherbst

Wanderkarten 1:50.000:
Kompass, Blatt 56 (Brixen); Freytag-Berndt, Blatt S 5 (Gröden – Cortina – Marmolada) – **1:25.000:** Tabacco, Blatt 030 (Brixen – Villnöß)

12,6 km | 5 – 6 Std. | 972 m

■ Der Tullen ist ein formschöner Dolomitenberg, der auf einem unschwierigen und markierten Steig bestiegen werden kann. Er erhebt sich im westlichen Teil der nördlich über dem innersten Villnößtal aufragenden Aferer Geisler.

Unterhalb des Gipfels durchquert der Günther-Messner-Klettersteig die genannte Berggruppe. Für die klettersteigtüchtigen Begeher dieser langen und stellenweise sehr ausgesetzten Route kann der Tullen sozusagen im Vorbeigehen mitgenommen werden. Aber er ist ausgeprägt genug, um auch als eigenständiges Ziel gelten zu dürfen. Immerhin handelt es sich um den wichtigsten und höchsten Berg im genannten Felskamm, und der unschwierige und markierte Anstieg ist landschaftlich schön und abwechslungsreich. Damit bietet sich die Tour all jenen Wanderern an, die gehtüchtig und gehfreudig genug sind, um einen echten Dolomitengipfel zu besteigen, aber andererseits die Begehung ausgesetzter Klettersteige lieber meiden.

An besonders heißen Tagen könnte man bis zur Baumgrenze auch über die Nordseite aufsteigen, wir aber wählen doch den freundlicheren Südanstieg, der auf der Zanser Alm im Villnösser Talschluss beginnt. Dieser Weg führt uns zuerst längere Zeit durch Waldhänge, und im oberen Teil folgen wir ein Stück dem leichtesten Abschnitt des erwähnten Günther-Messner-Steiges, der nach dem im Himalaja

Der Gipfel des Tullen mit der Aufstiegsroute

umgekommenen Bruder von Reinhold Messner benannt ist. Bevor dieser Höhensteig jedoch anfängt, heikel und ausgesetzt zu werden, verlassen wir ihn, um auf markiertem Bergsteig zum Gipfelkreuz des Tullen aufzusteigen, der dank seiner Höhe und vorgeschobenen Lage zwischen den Dolomiten und den übrigen Südtiroler Bergen eine ganz besondere Aussichtswarte bildet.

Wegverlauf: Von der Zanser Alm im Villnösser Talschluss (1680 m; Gaststätten, große Parkplätze; bis hierher geteerte Straße) nordseitig auf breitem Forstweg dem Kaserillbach entlang talein bis zum links abzweigenden Oberen Herrensteig 25 (alte Nr. 32 A), nun diesem folgend durch Wald zunächst ziemlich steil empor, später nur leicht ansteigend oder sogar eben westwärts hinan zur Waldgrenze und durch Grashänge weiter zum Günther-Messner-Steig (ca. 2250 m, Wegweiser); auf diesem (markiert und beschildert) nun rechts teils aufsteigend, teils querend bis zu einer weiteren Wegteilung (ca. 2580 m; rechts geht der Günther-Messner-Steig weiter), links auf dem Gipfelsteig über Geröll und Schrofen (eine Stelle gesichert) hinauf zu einer kleinen Scharte und westwärts am felsigen Bergrücken unschwierig empor zum nahen Gipfel (2652 m); ab Ausgangspunkt gut 3 Std. – Empfohlener Abstieg: über die beschriebene Aufstiegroute. Ab Tullen 2–2½ Std.

Tesselberger Alm und Schönbichl 2452 m

Lohnende Alm- und Gipfelwanderung über dem Brunecker Becken

Die Tesselberger Alm

Die Wanderung im Überblick: Tesselberg – Tesselberger Alm – Schönbichl – Korspitze – retour

Anfahrt: von Bruneck im Westen oder Innichen im Osten nach Percha und nordseitig nach Tesselberg

Ausgangspunkt: Tesselberg

Orientierung und Schwierigkeit: für Gehgewohnte mit etwas Bergerfahrung leicht und lohnend; bei der empfohlenen Abstiegsalternative ein paar ausgesetztere Felsstellen

Einkehrmöglichkeiten: ja

Beste Jahreszeit: Sommer – Frühherbst

Wanderkarten 1:50.000: Kompass, Blatt 82 (Taufers – Ahrntal); Freytag-Berndt, Blatt S 3 (Pustertal – Bruneck – Drei Zinnen) – **1:25.000:** Tabacco, Blatt 033 (Bruneck und Umgebung)

km 12,4 km · 5 – 6 Std. · 979 m

■ Der immerhin über 2400 Meter hohe Schönbichl ist ein mit einem Kreuz geschmückter Gipfel, der sich nordöstlich über der Tesselberger Alm erhebt. Seine leichte Ersteigbarkeit auf markierter Route, die freie Lage und die entsprechend schöne Aussicht machen ihn zu einem gern besuchten Ziel.

Wir beginnen unsere Wanderung im Höhendorf Tesselberg, das wir von Percha herauf auf guter Straße erreichen. Der Weiler besitzt Kirche, Gasthof und eine freundliche Lage inmitten ausgedehnter Wiesen, über die mehrere Bauernhöfe verstreut sind.

Der breite und gute Wanderweg führt uns zunächst durch Nadelwald den rauschenden Tesselberger Bach entlang hinauf zur Tesselberger Alm, wo uns gemütliche Einkehrmöglichkeit erwartet.

Die in Holz erbauten Almgebäude liegen am freien Sonnenhang und schauen über die dunkelgrünen Wälder hinweg zu den Dolomiten. Bei den Weideflächen dieser Alm handelt es sich um ein ausgedehntes, von zwei Bergkämmen begrenztes Gebiet.

Der Schönbichl über der Tesselberger Alm

Unser Weiterweg zum Schönbichl quert zunächst hinaus zu einem flachen, von hübscher Bergheide und kleinen Moorseen geprägten Rücken, der sich Hühnerspiel nennt, und von dort geht es bald auf leichtem Pfad hinauf zum Gipfel, in dessen Bereich verschiedene ausgesprochene Bergblumen blühen, von denen hier stellvertretend der Gletscher-Hahnenfuß besonders erwähnt sei.

Ist der Berg südseitig mit Gras, Bergblumen und Zwergsträuchern bewachsen, so ist der Gipfel selbst keineswegs nur ein »Bichl«, sondern ein recht schroffer Felsaufbau. Steil und felsig sind auch die westseitigen Abbrüche und der nordwärts ziehende Grat.

Für trittsichere Geher, die nicht wieder über die Südseite absteigen möchten, sei hier als schöne Alternative der an einer etwas ausgesetzten Stelle mit einer Kette versehene Steig empfohlen, der den obersten Bergkessel der Tesselberger Alm hin zur ebenfalls mit einem Gipfelkreuz geschmückten, 2437 Meter hohen Korspitze durchquert und die Besteigung des Schönbichls zu einer eindrucksvollen Zweigipfelrunde werden lässt.

Wegverlauf: Anfahrt von Percha im oberen Pustertal auf guter Straße (8 km) hinauf nach Tesselberg (1473 m, Gasthof, Parkmöglichkeit). Von da nun zu Fuß auf dem breiten Waldweg 7 A mittelsteil hinauf zur Tesselberger Alm (2128 m; knapp 2 Std.; Ausschank). Dann auf Steig 7 A ostwärts durch Alpenrosenhänge zur breiten Verflachung des Hühnerspiels unter dem Schönbichl und auf markierten Steigspuren steil empor zum Gipfelkreuz (2452 m; ab Alm etwa 1–1½ Std.). – Empfohlener Abstieg (für etwas Geübte): Vom Gipfel des Schönbichls stets auf gut markierter Route zunächst am schroffen Nordgrat (eine kurze steile Stelle ist gesichert) ein Stück abwärts und dann teilweise felsige Hänge in leichtem Auf und Ab querend hinüber zur Korspitze (2437 m; manche Karte verzeichnet die Route zu tief); von dort weiterhin der Markierung folgend über den Südrücken hinab und schließlich links abzweigend durch die Hänge hinunter zur Alm; Gehzeit ab Schönbichl ca. 1½–2 Std. Weiterer Abstieg wie Aufstieg.

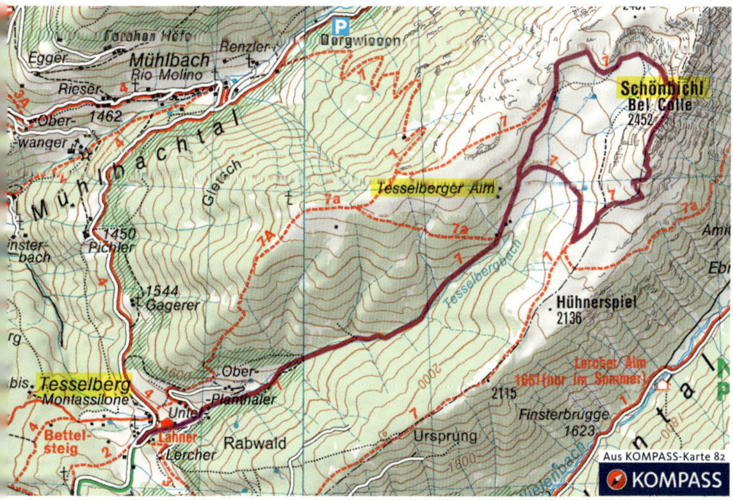

Stichwortregister

BergbauWelt Ridnaun Schneeberg

Südtiroler Bergbaumuseum
Museo provinciale delle miniere

Ridnaun – Maiern 48 | 39040 Ridnaun (BZ)
***Telefon:** +39 0472 65 63 64 | +39 347 26 32 328*
***E-Mail:** ridnaun.schneeberg@bergbaumuseum.it*
www.bergbaumuseum.it | www.ridnaun-schneeberg.it

SCHNEEBERGHÜTTE

- *Schutzhütte & Erlebnisbergwerk Schneeberg in Passeier (2355 m).*
- *Ganztägig warme Küche, reichhaltige Speisekarte mit einheimischen Spezialitäten*
- *Zweistündige und ganztägige Stollenführungen, Museumsschauraum, drei Erlebnispfade*
- *4 Aufstiege vom Passeiertal (Timmelsjochstraße): Wege 31, 29, 29A, 29B in 1¾ bis 2½ Stunden*
- *Aufstieg von Maiern (Ridnaun) über die Schneebergscharte (2700 m) auf dem Weg 28 in 4 Stunden*

www.schneeberg.org | info@schneeberg.org
Tel. Saison: +39 0473 647045
Tel. außer Saison: +39 348 6905656

Öffnungszeiten:
Geöffnet vom 15. Juni bis 15. Oktober, kein Ruhetag

ENZIANHÜTTE

- *Die Enzianhütte ist ein beliebtes Ausflugsziel auf 1894 m mit herrlicher Aussicht und guter einheimischer Küche. Im Sommer für Mountainbiker und Wanderer und im Winter für Rodler auf der 6 km langen Rodelbahn, Skitourengeher und Schneeschuhwanderer.*
- *Übernachtungsmöglichkeiten gibt es im Doppel- und Vierbettzimmer oder im Matratzenlager.*

Auf Ihr Kommen freut sich Hildegard mit Team

Brennerbad 21, I-39041 Brenner
Tel/Fax: +39 0472 631224

Öffnungszeiten:
Im Sommer von Mitte Mai bis Ende Oktober;
im Winter von Weihnachten bis April, kein Ruhetag

SCHUTZHAUS TSCHAFON

Die urige Schutzhütte wird schon seit drei Generationen von der Familie Lunger bewirtschaftet und ist besonders wegen seiner naturbelassenen Produkte beliebt und bekannt.

Sämtliche Speisen werden täglich frisch auf dem Holzherd zubereitet; vor allem das Spinatomelette »Guter Heinrich« und die Knödel, die mit Salaten vom hauseigenen Garten auf 1737 m serviert werden, erfreuen sich großer Beliebtheit.

Weißlahn 43
39050 Tiers am Rosengarten
Mobil +39 347 8131152
www.schutzhaus-tschafon.com · info@schutzhaus-tschafon.com
Öffnungszeiten: Ostern bis Allerheiligen

Entdecke Südtirol
sentres.com
Works with iPhone
ANDROID